Cyhoeddwyd yn 2014 gan
Wasg Gomer, Llandysul, Ceredigion SA44 4JL

ISBN 978-1-84851-787-5

Darluniad cefndir y clawr blaen:
LucyLiu/Shutterstock.com

Clawr cefn
Llun: ⓗ Emyr Young ©

Golygydd: Luned Whelan
Dylunydd: Rebecca Ingleby Davies

Cyhoeddwyd gyda chymorth ariannol Cyngor Llyfrau Cymru.

Argraffwyd a rhwymwyd yng Nghymru gan Wasg Gomer, Llandysul, Ceredigion
SA44 4JL
www.gomer.co.uk

Pobol y Cwm

Pen-blwydd Hapus

40

Gomer

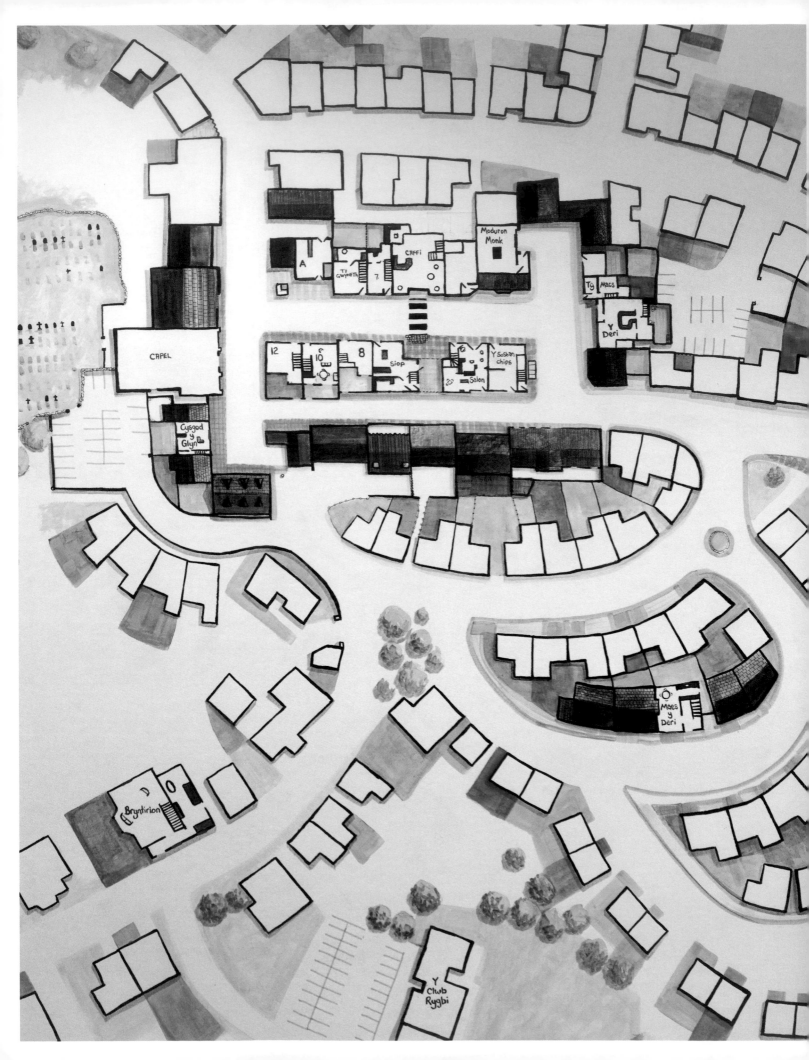

I John Hefin a Gwenlyn Parry,
ac i holl aelodau ffyddlon teulu *Pobol y Cwm*
Dros y hlynyddoedd ers 1974

Cynnwys

Rhagymadrodd Ynyr Williams	6
Rhagair Lowri Haf Cooke	8
Meic Pierce	10
Britt White	14
Debbie Powell	18
Tu ôl i'r llenni – colur	20
Hywel Llywelyn	24
Eileen Probert	28
Iolo White	32
Cymeriadau'r Cwm	34
Megan Harries	38
Tu ôl i'r llenni – yr adran gwisgoedd	42
Garry Monk	46
Colin Evans	50
Ffion Llywelyn	52
Tu ôl i'r llenni – yr awduron	56
Dathliadau'r Cwm	58
Dai 'Sgaffalde' Ashurst	60
Tu ôl i'r llenni – lleoliadau	64
Gaynor Llywelyn	66
Dani Thomas	68
DJ	72
Priodasau'r Cwm	74
Sioned Rees	76

Mark Jones	78	Tu ôl i'r llenni – lleoliadau	108
Tu ôl i'r llenni – ymarferion	81	Gwyneth Jones	110
Anita Pierce	82	Siôn White	112
Huw 'Jinx' Jenkins	86	Tu ôl i'r llenni – ymarferion	115
Tu ôl i'r llenni – wynebau cyfarwydd	88	Eifion Rowlands	116
Ed Charles	90	Gethin Thomas	118
Diane Ashurst	92	Gemma Charles	120
Catrin 'Cadno' Richards	96	Tu ôl i'r llenni – ymarferion	122
Angela Probert	98	Anti Marian	123
Cardiau post y Cwm	100	Tu ôl i'r llenni – ymarferion	124
Sheryl Hughes	102	Dathlu'r deugain –	125
Jim Probert	106	atgofion yr actorion	

Rhagymadrodd

Pan ddechreuodd *Pobol y Cwm* yn 1974, doedd dim modd rhag-weld y byddai'n datblygu i fod yn un o gyfresi teledu mwyaf eiconig a phwysicaf Cymru, ac yn enw cyfarwydd i Gymry drwy'r byd i gyd. Trwy bortreadu cwrs bywyd y cymeriadau amrywiol sydd wedi byw yng Nghwmderi dros y deugain mlynedd diwethaf, mae'r gyfres wedi esblygu ac wedi newid gyda'r amserau, ac mae'r blynyddoedd ffurfiannol hyn wedi creu cyfres gyfoes, hyderus, Gymreig sydd ar fin cychwyn ar daith newydd arall dros y blynyddoedd sydd i ddod.

Fyddai dim cyfres deledu oni bai am ffyddlondeb ei gwylwyr, ond nid cynulleidfa bell, wrthrychol ydy un *Pobol y Cwm*. Yn hytrach, mae'n deulu triw, cynnes, gwerthfawrogol a gonest, a hoffai BBC Cymru ddiolch i'r holl bobl drwy Gymru benbaladr sydd wedi gwylio a gweithio ar y gyfres ryfeddol hon. Mae hi wedi denu cynulleidfaoedd gwylio uchel cyson i'r BBC, ac yna i S4C dros y blynyddoedd. Er bod aelodau'r criw sy'n gweithio arni'n rhy niferus i'w henwi, rydyn ni'n gwerthfawrogi cyfraniad pob un ohonyn nhw, ac rydyn ni'n ddiolchgar iawn iddyn nhw i gyd.

Pen-blwydd Hapus i bawb.

Ynyr Williams

Cynhyrchydd Cyfres *Pobol y Cwm* 2014

Rhagair

Daeth cwestiwn digon annisgwyl trwy'r e-bost gan fy ngolygydd yng Ngwasg Gomer un diwrnod: 'Beth yw dy ymateb di i'r geiriau *Pobol y Cwm*?' A minnau wedi bod yn ffan o'r gyfres er pan o'n i'n ferch fach, yr ateb oedd cyfuniad o emosiynau: cyffro, tensiwn, braw, hwyl a thristwch. Pan o'n i tua wyth oed, byddai fy chwiorydd iau a minnaui'n mynd i'r gwely'n eitha cynnar, ond bob nos Wener byddai Mam yn galw'n dawel arna i i ddod 'nôl lawr llawr.

I gyfeiliant cysurus alaw gitâr Endaf Emlyn, cawn wahoddiad i wylio *Pobol y Cwm*. I ferch fach yn y ddinas fawr, roedd cael ymweld â phentre Cwmderi yn brofiad arbennig y byddwn yn ei fwynhau bob tro.

Ar hyd y blynyddoedd, bu clecs a helyntion cythryblus trigolion Cwmderi yn gefndir i fy ieuenctid yng Nghaerdydd – â checru trigolion Brynawelon, marwolaeth John yn y crud, a thriongl serch Dic Deryn, Carol a Beth yn eu plith. Rhaid cyfadde i mi ddechrau danto ar y gyfres yn ystod fy arddegau, pan nad oedd straeon yr oedolion yn apelio cymaint ata i. Ond gan ei bod ymlaen bob nos yn ein tŷ ni, doedd dim dianc rhag y gyfres. Diolch byth am gymeriadau fel Glan a Mrs Mac, a theulu'r Jonesys, felly, a gadwodd fy niddordeb yn y cyfnod hwnnw!

Mae sgandalau'r Cwm wedi fy syfrdanu dros y degawdau, a dyna sy'n dal i fy nenu i wylio hyd heddiw. Mawr yw fy mharch at bob aelod o'r tîm sy'n gweithio'n galed i gadw'r gyfres yn gyfoes. Mae gweithgareddau amheus Garry Monk, campau carwriaethol Hywel Llywelyn a pherthynas deuluol Ffion a Jinx yn lliwio sawl golygfa i wylwraig hirdymor fel fi. Ond her fawr y tîm cynhyrchu yw ceisio symud *Pobol y Cwm* ymlaen i'r dyfodol – a ninnau, y gwylwyr ffyddlon, gyda hi. Wrth gwrs 'mod i'n feirniadol ohoni – on'd ydyn ni i gyd, weithiau? – ond dwi hefyd yn meddwl y byd o'r gyfres, ac mae'r ffaith ein bod yn dathlu'r deugain yn destun balchder a bri.

Yn naturiol, derbyniais wahoddiad Gwasg Gomer i ysgrifennu llyfr i nodi pen-blwydd *Pobol y Cwm* yn 40 oed yn llawn brwdfrydedd. Dathliad o'r gyfres fel y mae hi heddiw yw'r gyfrol, a'r cymeriadau presennol yn borth i lwybrau'r cof.

Mi ges i bleser enfawr yn treulio rhai misoedd yng nghwmni'r tîm ym Mhorth Teigr, Bae Caerdydd. Roedd mynd i'r stiwdio'n fodd o wireddu breuddwyd i mi, ac er mai set newydd yw hi, roedd cerdded drwy'r lleoliadau cyfarwydd yn wefr go iawn – fel camu i mewn i'r teledu, ac i lu o atgofion am y gyfres. Mae'r manylder sydd i'w weld ym mhob cornel o'r set yn rhyfeddol, ac mae brwdfrydedd ac angerdd y criw dros eu gwaith yn heintus. Roedd cyf-weld yr actorion ar set eu cymeriad hefyd yn brofiad gwych y bydda i'n ei drysori am byth.

Hoffwn ddiolch o galon i bob aelod o'r tîm a roddodd o'u hamser i fy nhywys o gwmpas eu Cwmderi nhw. Gobeithio y dewch chi o hyd i gornel o'ch Cwmderi chi rhwng cloriau'r gyfrol hon.

Lowri Haf Cooke

POBOL Y CWM

CYFRES 41

PENNOD 33

41_pennod 33_03.fdr

AWDUR: MIRAIN LLWYD OWEN
GOLYGYDD SGRIPT: BRANWEN WILLIAMS
GOLYGYDD STORI: MARGED PARRY
CYNHYRCHYDD SCRIPT: GWENLLIAN ROBERTS
CYNHYRCHYDD STORI: ANNES WYN
CYFARWYDDWR: ROBIN ROLLINSON
DYDDIAD DARLLEDU: 07-05-2014
DIWRNOD Y BENNOD: 3

Handwritten notes:
Siôn Gol 7
Llun 17/3
Gol 11
Iau 13/3
Gol 12
Iau 13/3
Gol 14
Iau 13/3
Gol 18
Iau 13/5

Gwen 14/3

Meic Pierce

(Gareth Lewis)

Fe gyrhaedddodd Meic Pierce Gwmderi yn 1975, ac un digon chwit-chwat oedd e yn y dyddiau cynnar. Glaniodd yn y Deri, archebu hanner peint o chwerw a chyflwyno'i hun fel un o Lanfair Mathafarn Eithaf, Sir Fôn, i Harri Parri, gofalwr cartre henoed Brynawelon, a'r tafarnwr, Cliff James.

Gwnaeth Meic elyn yn Reg Harries yn syth pan werthodd stori amdano i'r *Evening Post*. Bu'n caru â Sabrina, chwaer Reg, am sbel, ond gwnaeth dro gwael â Sab pan gyhuddwyd hi o ddwyn arian o seff Magi Post – Meic oedd yn gyfrifol am y lladrad. Daeth y gwir i'r golwg, a chafodd Meic ei arestio a'i ddedfrydu i naw mis o garchar. Pan ddychwelodd i'r pentref, cafodd waith yng nghaffi Clare Leyshon – mam Beth, athrawes yn yr ysgol leol – a phan symudodd y teulu i'r Drenewydd, cymerodd Meic awenau'r busnes. Un o'i weinyddesau cyntaf oedd yr anghymharol Agnes Spottelli.

Daeth Nansi Furlong, cyn-wraig Meic a mam eu plentyn, Kevin, i ymuno â Meic yn y Cwm yn 1978. Cafodd Kevin ei fabwysiadu gan deulu cefnog yn Nolgellau pan fethodd Meic a Nansi ei fagu. Bu hi'n ddraenen yn ystlys Meic byth ers iddo gwrdd â hi yn Sir Fôn, ac mae hi'n dal i ddychwelyd i'w blagio o bryd i'w gilydd.

Nid yw Meic wedi cael llawer o lwc gyda merched pentref Cwmderi, er iddo wneud ei orau i ddenu Kirsty, Sandra a Meira, ymhlith eraill. Am gyfnod, canfu hapusrwydd mawr gydag Olwen o salon gwallt Deri Dorri. Ond ar ôl i Olwen dorri ei galon pan ddychwelodd at Alex, ei gŵr, ffodd Meic i Sir Fôn yn 1995 i ddod dros ei siom.

Pan ddychwelodd i Gwmderi yn 1999, ychydig iawn a wyddai Meic y byddai cysgod o'i orffennol yn newid ei fywyd er gwell. Cyrhaeddodd Anita Richards y pentref a chyhoeddi mai Meic oedd tad Darren y garej, yn dilyn eu perthynas flynyddoedd ynghynt. Fe ddotiodd Meic ar ei fab, ac erbyn 2006 roedd Meic ac Anita'n briod ac yn rhedeg y Deri. Ond profodd y ddau alar dwys pan fu farw eu babi bach, Eira, yn dilyn damwain car.

Daeth Kevin, ei fab gyda Nansi, hefyd yn ôl i'w fywyd pan oedd yn oedolyn, a bu o gymorth mawr i Meic pan ddarganfu'r affêr rhwng Colin ac Anita a phenderfynu cael ysgariad. Ond un o'r penderfyniadau anoddaf a wnaeth Meic erioed oedd hysbysu'r heddlu fod Kevin wedi treisio Sheryl. Dedfrydwyd Kevin i garchar, a gadael Meic mewn gwewyr llwyr.

Mae Meic wedi colli ffrindiau agos iawn dros y degawdau. Edgar Sutton oedd flaenaf yn eu plith, ond ffarweliodd hefyd â Derek, a bu colli Denzil yn ergyd drom. Mae Darren yn byw yng Nghanada bellach, gyda'i wraig, Katie, a'r plant, Alys a Wil, ac mae Meic yn gweld eu heisiau'n fawr. Bu'n ddigon ffeind i gynnig lloches i Anita wedi i'w pherthynas hi â Moc fynd yn ffradach, ac mae'r trefniant hwnnw yn rhif 10 yn dal i rygnu mlaen. Mae e a Debbie'n rhedeg y caffi fel partneriaid ar hyn o bryd, ac maen nhw'n dod ymlaen yn weddol ar ôl cyfnod hir o fod yn elynion pennaf. Bydd ymadawiad Meic yn stori fawr iawn i'r gyfres.

Gareth: Os oedd 'na broblem yn codi, neu os oedd 'na rwbeth nad oedd o'n or-hoff ohono, yna rhedeg i ffwrdd oedd ymateb cynta Meic. Felly digwyddodd hi efo Anita'r tro cynta, ac felly digwyddodd hi efo Olwen. Ond ers iddo ddod 'nôl, mae o wedi sadio lot, a dyna sy 'di gneud Meic Pierce yn fwy ddiddorol i mi.

Cefndir Gareth

Daw Gareth Lewis o'r Felinheli yn wreiddiol. Cafodd ei brofiad cyntaf o ddarlledu'n 13 oed tra oedd yn ddisgybl yn Ysgol Friars, Bangor, pan gafodd ei ddewis i chwarae rhan yn y gyfres radio *Natur o'n Cwmpas* i'r BBC yng nghwmni Charles Williams, a fu'n chwarae Harri Parri ar *Pobol y Cwm*. Tair gini oedd y tâl, ac fe barhaodd y gyfres am rai blynyddoedd. Yn 1966, ymddangosodd yn addasiad teledu'r nofel *Chwalfa* gan T. Rowland Hughes. Doedd hi ddim yn bosib cael gyrfa fel actor proffesiynol trwy gyfrwng y Gymraeg ar y pryd, felly gwnaeth Gareth gwrs ymarfer dysgu yn y Coleg Normal, Bangor, cyn mynd i weithio fel swyddog yn yr Adran Iechyd a Gwasanaethau Cymdeithasol yng Nghaernarfon. Yn 1970, ymatebodd i hysbyseb yn *Y Cymro* oedd yn cynnig cytundeb actor llawn-amser gyda'r BBC. Bu ei gais yn llwyddiannus, a symudodd i Gaerdydd a dechrau gweithio ar bob math o raglenni. Ymhlith y rhain roedd rhaglenni comedi Ryan a Ronnie a'r gyfres ddrama *Deg i Dragwyddoldeb*. Yna cafodd glyweliad ar gyfer cyfres ddrama newydd sbon o'r enw *Pobol y Cwm*, a chael rhan Meic Pierce. Mae'n chwarae'r cymeriad ers bron i ddeugain mlynedd erbyn hyn. Gadawodd Gareth y gyfres yn 1995, a bu'n ysgrifennu sgriptiau i raglenni amrywiol, yn cynnwys *Pobol y Cwm*. Bu'n lleisio cyfresi cynnar *Sam Tân* ac yn golygu sgriptiau'r rhaglenni dychan *Clex*. Bu hefyd yn actio ac yn ysgrifennu ar gyfer *Rownd a Rownd*, fel y gwnaeth flynyddoedd ynghynt ar *Torri Gwynt*, cyn derbyn gwahoddiad i ddychwelyd i Gwmderi yn 1999. Mi fydd Gareth yn ymddeol cyn bo hir, a bydd Cwmderi'n lle gwahanol iawn heb Meic Pierce, un o hoelion wyth y pentref.

Gareth ar y dyddiau cynnar

Roedd 'na ddau gynhyrchydd ar y gyfres ar y dechra, Gwenlyn Parry a John Hefin, ac mi oedd un isio un actor ar gyfer Meic, a'r llall isio i mi neud y rhan. A drwy lwc, yr un oedd isio fi ddaru ennill! Wna i ddim deud pa un oedd p'run! Dwi'n falch iawn, iawn 'mod i wedi cael y cyfle. Mi fydde 'mywyd i 'di bod yn wahanol iawn iawn pe bawn i heb gael y rhan. A does wbod be fyddai wedi digwydd.

Doedd 'na fawr o neb yn lecio Meic yn y dechra. Yn sicr, mi oedd o'n gneud y petha mwya uffernol. Ac felly doedd yr ymateb iddo fo ddim yn ffafriol o gwbl.

Mi oedd Charles Williams (Harri Parri) yn help mewn sawl ffordd. Mi oedd o'n ardderchog, achos mi fydda fo'n neud awgrymiadau'n dawel bach. Fydda fo'n deud, o bryd i'w gilydd, 'Fela ti'n mynd i ddeud hynna?' 'Ia, pam?' 'Ti'm yn meddwl sa fo'n well fel arall?' A mi o'dd o'n iawn. Bob amser yn iawn. A thrwy wrando ar Charles ar hyd y blynyddoedd – mi o'n i wedi dechra efo fo ym myd radio, wrth gwrs – trwy wrando arno fo, mi o'dd rhywun yn dysgu llawer iawn, iawn.

Jacob Ellis, Meic, Derek a Rod

Gareth ar yr ail gyfnod

Roedd Meic wedi aeddfedu erbyn yr ail gyfnod, dwi'n credu. Ar y dechra, fuodd 'na lot fawr o ryw betha arwynebol yn digwydd, lot o straeon doniol, lot o giamocs, lot o bethe gwirion, *light relief* – dyna sut oedd o'n cael ei weld gan y cynhyrchwyr, cyfle i gael 'chydig bach o gomedi ac ysgafnder i fewn i'r gyfres. Roedd Meic yn byw a bod yn y caffi a'r Deri. Ond ers i mi ddod yn ôl, mae o wedi aeddfedu, dwi'n credu, a dyna sy 'di gneud y peth yn fwy ddiddorol i mi.

Dwi 'di bod yn ffodus iawn iawn yn y partneriaid dwi wedi'u cael, a dwi'n meddwl bod partneriaid yn rhan bwysig iawn o opera sebon. Agnes Spottelli yn y caffi, er enghraifft, oedd un o'r rhai cynta. Mi oedd hi'n un dda am ffraeo, ac mi oedd Meic ac Agnes yn ffraeo byth a hefyd. Yr un peth efo Gari Williams, pan oedd o'n chwarae Edgar Sutton am rai blynyddoedd – roedd Meic ac Edgar yn bartneriaid da. Achos, argian fawr, pan oeddan ni'n dau'n ffraeo, mi oedd sbarcs yn hedfan, ond munud roeddan ni'n gorffen yr olygfa, mi oeddan ni'n ffrindia mawr. Roedd yn golled ofnadwy, wrth gwrs, i'r gyfres ac i Gymru, a deud y gwir, ei fod o wedi marw mor ifanc. Sioc i ni i gyd. Ac wedyn partneriaeth efo Gwyn Elfyn (Denzil), ac efo Hywel Emrys (Derek), lle roedd y berthynas yn datblygu ac yn newid, a dwi 'di bod yn ffodus i gael nifer fawr o actorion da i actio efo nhw, gan gynnwys Nia (Anita), wrth gwrs. Roeddan ni'n ffrindia cynt, achos roeddan ni 'di gweithio ar *Torri Gwynt* efo'n gilydd, ond pan ddois i 'nôl, hi oedd fy mhartner i o hynny mlaen, tan iddi neud 'i misdimanars efo Colin.

O bryd i'w gilydd, 'dan ni'n dal i ga'l yr eiliada o ddoniolwch a hwyl ac yn y blaen. Ond mae wedi bod yn fwy diddorol chwara Meic Pierce yn yr ail gyfnod, achos 'dan ni wedi trin a thrafod petha dirdynnol dros ben, yn enwedig efo geni a marw Eira, priodas Meic ac Anita'n chwalu, a mynd at yr heddlu am Kevin – petha dirdynnol ma pobl yn eu hwynebu ac yn gyfarwydd efo nhw. Dwi'n credu bod mwy o realiti'n perthyn i'r ail gyfnod, yn sicr i mi. Mae Meic yn fwy seriws, ac mae o'n llawer mwy diddorol i'w chwarae i mi fel actor nag oedd o yn y rhan gynta. Er i mi fwynhau honno'n fawr, dwi wedi cael cymaint mwy allan o'r cyfnod diweddara.

Darganfod Meic

Yn y sgript a'r stori dwi'n ffeindio'r cymeriad mewn difri. Dyna sut ddechreuais i 'ma. Cael rhyw 'chydig eiria ar sut foi oedd o ac yn y blaen, a darganfod o'r hyn sy 'di ca'l 'i sgrifennu ar bapur sut fath o foi ydy o, be sy'n gneud iddo fo dicio, fel tae, be sy'n gweithio iddo fo, be sy ddim yn gweithio iddo fo. I mi, y sgripts ydy'r elfen bwysica mewn opera sebon a phopeth arall. O fanno ma'r holl beth yn deillio.

Traed ar y ddaear

Ges i fy atgoffa pa mor bwysig ydy hyn ychydig cyn i mi adael y gyfres yn 1995. Mi oedd ganddon ni dîm pêl-droed oedd yn mynd o gwmpas i godi arian at achosion da ar un adeg, ac yng Nghwm-ann neu rwle tebyg, mi ges i foi'n dod ata i â deud, 'Duw, chi yn *Pobol y Cwm*, on'd y'ch chi?' 'Ydw, ydw,' medda fi. 'Dic Deryn, on'd ife?' Ac ar ôl ugain mlynedd, o'dd rhywun yn fy nghamgymryd i am Dic Deryn! Mae'n gneud i ti sylweddoli mai dyna'r cwbl mae o'n olygu i rywun. Ond dyna ni. Be fedri di neud am betha felly?

Ar ymddeol

Mi fydda i'n colli'r actorion i gyd pan fydda i'n gadael, ond dyna fo, dyna natur opera sebon. Ma popeth yn mynd yn ei flaen. Ddaw'r cwbl ddim i ben pan fydda i'n gadael, ma hynny'n sicr! Mi eiff y peth ymlaen hebdda i.

Britt White
(Donna Edwards)

Daeth Britt Monk a'i brodyr i Gwmderi yn 2002, pan oedd hi'n disgwyl babi Teg Morris. Cafodd y tri fagwraeth galed mewn cartre plant yn Newcastle, gogledd-ddwyrain Lloegr, a siarad Cymraeg â'i gilydd oedd arf y tri yn erbyn y byd. Er nad oedd Britt yn gwybod dim o hanes Teg, daeth o hyd iddo ar ôl iddyn nhw gael perthynas fer – yr unig beth roedd hi'n ei wybod amdano oedd ei fod yn rhedeg siop pysgod a sglodion Cwmderi.

Er bod Brandon a Garry am ei waed, profodd prawf DNA mai Teg oedd tad Chester, ac fe setlodd Britt a Teg yn hapus gyda'i gilydd. Daeth Catrin i ddilyn Chester, ac roedd Britt wrth ei bodd â'r dynwaredwr Elvis a'i chwerthiniad unigryw.

Daeth diwedd ar hwyl ac ysgafnder byd Britt pan drywanwyd Teg gan ei lysfab, Steffan. Bu Britt yn galaru am Teg am amser maith, a datblygodd anhwylder obsesiynol (OCD) yn ystod y cyfnod hwn. Cafodd berthynas â Gwyneth, fu'n ffrind da iddi, a thra oedd y ddwy'n cyd-fyw cytunodd Britt i fod yn fam fenthyg i weinidog newydd Capel Bethania a'i wraig.

Roedd Owen a Ffion wedi methu cael plant, ac roedd Britt yn falch o allu helpu'r pâr ifanc. Collodd Britt y babi cyntaf, ac i warchod Ffion rhag y siom beichiogodd Britt yn gyfrinachol â'r pregethwr parchus. Ond aeth pethau o chwith pan gollodd Owen ei bwyll a llofruddio nifer o buteiniaid cyn lladd ei hun. Pan anwyd y babi, methodd Britt guddio'r gwir. Cyfaddefodd wrth Ffion mai hi oedd mam Aaron, a mynnu ei gadw, gan achosi torcalon enbyd i Ffion. Rai blynyddoedd yn ddiweddarach, closiodd Britt at Siôn White tra oedd e'n ei helpu hi i archwilio achau'r Monks, er syndod mawr i drigolion y Cwm. Dyweddïodd y ddau ar ymweliad â Newcastle, a symudodd Britt i fyw at Siôn yn y Felin. Daeth ei thri phlentyn i fyw at dri mab Siôn, ond teg dweud nad oedd yn gyfuniad dedwydd. Cymerodd sbel i feibion Siôn gyfarwyddo â'u llysfam newydd a'i phlant oedd yn llawer iau na nhw.

Ond unwyd y teulu pan aeth Britt i goma yn dilyn tân a laddodd Brandon, ei brawd. Pan ddeffrôdd o'i thrwmgwsg, profodd yr ing annioddefol o ddeall bod y brawd a fagwyd ganddi wedi marw. A phan glywodd, yn y diwedd, mai Gwyneth oedd yn gyfrifol am y drosedd, ymosododd Britt arni, torri'i gên a'i gadael mewn cyflwr difrifol. Doedd hi ddim yn difaru gwneud hynny o gwbl, a phan aeth drwy gyfnod o gredu bod Gwyneth yn ceisio lladd Garry hefyd, derbyniodd Britt ddedfryd o garchar er mwyn rhybuddio Gwyneth i roi stop ar ei dial.

Donna: Ma hi gyda fi drwy'r amser. Drwy'r amser. A bydd hi wastad gyda fi, hyd yn oed pan fydd y cymeriad drosodd. Bydd Britt wastad 'na yr ochor arall i'r hewl. Wy'n ei chwarae hi ers deuddeg mlynedd, a 'wy wedi creu bywyd iddi – mae'n real nawr. Sai'n siŵr pa mor debyg y'n ni – ma hi'n ddewrach na fi, ond yn fwy crac na fi hefyd. A 'wy ddim wedi ca'l yr amserau caled ma hi wedi'u ca'l. Ond dyw Britt ddim hanner mor *intense* â fi. Wy'n lico dadansoddi popeth. Dyw Britt ddim. Ma hi'n lico pethe ysgafn achos 'i magwraeth dywyll, felly mae'n trio creu bywyd hollol wahanol i'w phlant – partis, balŵns, gwyliau, y pethau da.

Mae tueddiadau treisgar Britt yn creu tensiwn rhyngddi hi a Siôn. Mae e'n heddychwr ac yn gofalu am Gapel Bethania erbyn hyn. Er bod Britt wedi tawelu tipyn ers iddi gymryd yr enw Mrs White, mae'r Monk yn dal ynddi, fel mae Siôn yn ei weld yn ei pherthynas â Garry. Ond mae Britt a Siôn yn deall ei gilydd yn y bôn, er nad oes dim dal beth fydd yn corddi'r un o'r ddau nesaf. Mae dychweliad Gwyneth wedi tanseilio gwerthoedd sylfaenol perthynas Britt a Siôn. Ac mae'r ffaith fod Siôn wedi prynu'r Deri yn siŵr o gynyddu'r tyndra rhyngddyn nhw.

Bywyd Britt

Mae'n trio bod yn wraig i'r gweinidog nawr, felly ma hi 'di dechre gwisgo 'bach yn fwy dosbarth canol am y tro – gewn ni weld be ddaw o 'ny!

'Wy wedi creu coeden deulu'r Monks. Wy'n cario'r papur yn yr handbag bob dydd …

Donna ar Britt

Ma Britt yn gallu bod yn mynd trwy amser ofnadw yn ei bywyd hi, ond mae'n gallu acto'n hollol normal yr un pryd. Ma hi mor amlwynebog. Be sy'n fy ngha'l i i mewn i'r cymeriad? Unwaith wy'n dechre darllen y sgript ma hi 'na. Yn syth …

Ar berthynas Siôn a Britt

Ma'n nhw mor wahanol i'w gilydd – Siôn a'i fagwraeth ddosbarth gweithiol ond sefydlog yn y Cymoedd, a Britt a'i chefndir anodd yn y cartre plant gyda'i brodyr. Ond ma'r ddau ohonyn nhw credu yng ngwerth y teulu, sy'n bwysig iawn iddyn nhw. Ma sbarc rhyngddyn nhw, yn bendant. Ma'n nhw'n chwerthin lot, a wy'n credu bod digon o chwerthin yn y stafell wely hefyd!

Y blwmin' Whites. Ma pobl yn cloncan abutu'r Monks, ond ma'n nhw'n sorted ar hyn o bryd – ac ma'n nhw wastad wedi bod yn *one for all and all for one*, ond gyda'r Whites ma pethe seicolegol yn mynd mla'n. Ma Huw, Iolo a Macs i gyd off eu penne, on'd y'n nhw?

Jeremi Cockram (Siôn) ar Donna
Mae'r cysylltiad yna rhwng Donna a fi – pan wyt ti'n edrych i lygaid rhywun yn ystod golygfa, ac ma rhywbeth yn digwydd. Dyna'r pleser mwya wy'n ei ga'l o weithio gyda hi, wy'n credu.

Dyfan Rees (Iolo) ar Donna
Ma pob golygfa wy'n neud 'da Donna'n gyffrous. Wy'n meddwl i fi'n hunan bob tro, ti'n gweithio gyda Donna, ac os gwnaf i hwn yn iawn, dyma ran ore'r job. Mae'n actores anhygoel.

Richard Lynch (Garry) ar Donna
Ma Donna'n gallu gwasgu botyme ynddo i sy'n emosiynol iawn. Wy'n credu bo ni'n rhannu DNA tebyg iawn.

Cefndir Donna

Cafodd Donna Edwards ei magu ym Merthyr Tudful, ac aeth i Ysgol Gyfun Vaynor a Phenderyn. Dechreuodd ddysgu Cymraeg pan oedd yn 15 mlwydd oed yng ngwersi Ms Marilyn Watkins. Gwnaeth radd mewn Cymraeg a Drama ym Mhrifysgol Cymru, Aberystwyth, a pharhau i ddysgu'r iaith gyda chymorth Tedi Millward. Symudodd i Gaerdydd ar ôl graddio, a dechrau ei gyrfa ar lwyfan Theatr y Sherman. Yn 1985 cafodd Donna ran Miriam Ambrose yn *Dinas* ar S4C, cyn cael ei chastio gan John Hefin yn y ffilm *Heaven and Earth*, a gynhyrchwyd yng Nghanada. Chwaraeodd Donna rannau hefyd yn y ffilmiau *Streetlife, Very Annie Mary, House of America* a *Rebecca's Daughters*. Enillodd wobr BAFTA Cymru i'r Actores Orau ddwywaith – am ei gwaith yn y cyfresi *Tair Chwaer* i S4C yn 1997, ac eto yn 2003 am ei rhan yn y cyfresi *Belonging* gan BBC Cymru. Cyn iddi ddechrau chwarae Britt Monk yn 2002, bu Donna'n perfformio yng nghynhyrchiad Ed Thomas *Gas Station Angel* yn theatr y Royal Court yn Llundain gyda Richard Lynch, sy'n chwarae rhan Garry.

Donna ar ei chyd-actorion

'Wy wedi bod mor freintiedig, mae 'di bod yn fraint gweithio 'da Jeremi Cockram a Richard Lynch. O'dd Yoland (Williams, Teg Morris) yn lyfli hefyd, achos o'dd e mor ysgafn i witho 'da fe, o'n ni'n dod mla'n yn dda. Ond gwitho gyda Rich a Jeremi, a Nic McGaughey o'dd ore. Pan o'n i'n actio colli Brandon, ddim actio o'n i, o'n i'n rili colli fe.

Debbie Powell
(Maria Pride)

Cefndir Maria

Daw Maria Pride o Rydyfelin, ar gyrion Pontypridd. Un o'i hathrawon yn Ysgol Gynradd Heol y Celyn oedd Eirlys Britton, fu'n chwarae Beth Leyshon yn *Pobol y Cwm*. Cafodd ei swydd actio broffesiynol gyntaf fel cariad Jeremi Cockram (Siôn White) yn *Nobody's Hero* i Thames TV, cyn lleisio cartŵns Cymraeg i gwmni Atsain. Pan oedd yn 17 oed, roedd hi'n rhan o griw cyntaf *Sblat!*, rhaglen blant ar S4C, ac roedd ganddi ran yn *Llid y Ddaear / The Angry Earth* gan Karl Francis ar gyfer S4C a Channel 4. Tra oedd yn gwneud cwrs gradd mewn Cymraeg a Drama ym Mhrifysgol Cymru, Aberystwyth, cafodd ran ym mhennod gyntaf *Noson yr Heliwr / A Mind to Kill*, yn ogystal â'r gyfres *Traed mewn Cyffion* yn 1991. Treuliodd gyfnod yn y theatr, yn cynnwys y cynhyrchiad *Everything Must Go* gan Patrick Jones i gwmni Theatr y Sherman, Caerdydd, a bu'n un o'r prif gymeriadau yn y gyfres *Iechyd Da*. Yn 2001 enillodd wobr BAFTA Cymru i'r Actores Orau am ei rhan yn y ddrama *Care* i'r BBC, ac mae wedi chwarae rhannau yn y cyfresi *Casualty, High Hopes, Y Pris* a *The Bench*.

Cafodd Debbie Powell (Collins gynt) ei chyflwyno i Gwmderi yn 2005 fel draenen yn ystlys Mark Jones. Glaniodd Debbie ym Maes y Deri o'i chartref yn Sbaen gyda'i phlant: Liam, Vicky a Ricky. Roedd hi'n awyddus i rannu'r newyddion mai Mark oedd tad Ricky, a symudodd hi a'r plant i mewn at Mark a'i fam, Kath.

Mae Debbie wastad wedi bod yn un am bluo'i nyth ei hun, heb boeni gormod pa mor gyfreithlon yw ei ffordd o wneud hynny. Cafodd garchar am fewnforio cyffuriau o Sbaen ym mag Ricky, ac er iddi wynebu ei chosb cafodd dipyn o fraw pan dorrwyd ei braich gan Judith a'i gangsters dialgar. Bu Mark yn gefn i Debbie bryd hynny, a bu Maes y Deri'n gartref iddi am gyfnod maith. Fe dyfodd perthynas agos iawn rhwng y ddau, er nad oedd honno'n un ramantus, ac maen nhw'n sicr yn adar o'r unlliw.

Perthynas ddigon ansefydlog fu ganddi â'i phlant erioed, wrth iddi flaenoriaethu ei hanghenion ei hun yn hytrach na rhai ei phlant. Bu Debbie'n dibynnu tipyn ar Liam i helpu i fagu'r plant iau, ond fe gollodd e bob ffydd ynddi oherwydd ei hymddygiad ac ymuno â'r fyddin, er mawr dristwch i Debbie. Mae e bellach yn Affganistan, ac mae Vicky'n byw yn Llundain gyda'i thad.

Tra oedd hi'n gweithio yn y caffi, syrthiodd Debbie mewn cariad â Kevin, a phriododd y ddau yn 2013. Cafodd ei brifo i'r byw pan ddarganfu ei fod wedi treisio Sheryl, a thyngodd lw i ddial arno. Mynnodd filoedd o bunnau yn iawndal ganddo, yn ogystal â siâr yng Nghaffi'r Cwm, a gwariodd ffortiwn ar un penwythnos gwyllt yn Dubai. Gyda Kevin dan glo, mae Debbie'n rhedeg y caffi ar y cyd â Meic, ac mae wedi rhoi ei stamp ei hun ar y fflat lan llofft. Mae Ricky'n rhannu ei amser rhwng fflat ei fam a chartre'i dad, ac mae'n ddisgybl disglair yn Ysgol y Mynach. Ydy Debbie wedi setlo o'r diwedd?

Debbie a Ricky

Maria ar Debbie

Fy hoff linell erioed oedd pan o'dd Debbie'n ferch eitha drwg, a Denzil yn rhedeg y siop, a 'nath hi ddwyn afal o'r tu fas. Dyma Denzil yn dod mas a rhoi stŵr iddi, a wedodd hi, 'Be ti'n mynd i neud – ishte arna i?'

Mae'r plant i gyd wedi'u henwi ar ôl hoff sêr pop Debbie – Liam Gallagher, Victoria Beckham a Ricky Martin, achos hoff gân Debbie yw 'Livin' La Vida Loca'!

Wy'n credu gelen i ddrinc gyda Debbie, a bydden i'n edmygu'r ffordd ma hi'n gweud pethe dyw pobol eraill ddim yn gallu eu gweud.

Wy'n credu mai'r unig gariad ma Debbie erioed 'di ca'l yw Mark. A 'wy wir yn gobeithio y bydd Mark a Debbie'n bennu lan gyda'i gilydd. Wy'n credu bo nhw'n perthyn, bo nhw i fod gyda'i gilydd.

Ar Arwyn Jones (Mark)

'Wy wastad wedi caru gweithio gydag Arwyn. Fues i'n ffodus iawn, iawn mai dod i weithio gydag e wnes i. Dim ond unwaith o'n i wedi gweithio gydag e cyn hynny, ar *The Bench*. A dwi'n meddwl mai fe yw un o'r bobl fwya talentog sy gyda ni yng Nghymru.

Maria: Be 'wy wastod wedi caru am Debbie yw ei bod hi'n methu yn y pethe drwg ma hi'n neud. Felly dyw hi ddim yn ddrwg, mae'n iwsles! Ma hi'n meddwl am yr holl syniade a sgams 'ma, ond dyw hi erioed wedi llwyddo i neud dim yn iawn. Do, fuodd y busnes cyffurie, ond ath hi i'r carchar am 'ny. Felly dyw hi byth wedi llwyddo i neud unrhyw beth yn iawn.

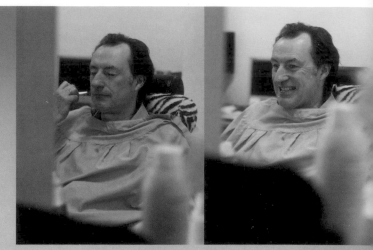

Barbara 'Babs' Roberts ac Eirioes Elfyn yw prif artistiaid y tîm colur ar *Pobol y Cwm*. Mae eu diwrnodau ar y set yn dechrau'n gynnar yn y bore ac yn gallu para 12 awr. Maen nhw'n trafod gofynion colur y cymeriadau gyda'r adran gwisgoedd a'r criw technegol yn gyson, er mwyn sicrhau bod holl elfennau gweledol y cymeriadau'n gweithio gyda'i gilydd.

Babs Roberts

Mae pawb yn hoffi edrych ar eu gorau, ond mae'n rhaid gwneud i'r actorion edrych yn go erchyll ar adegau. Mae'r rhan fwya ohonyn nhw'n derbyn hynny, chwarae teg. Mae colur yn helpu llawer o'r actorion i ffeindio'u cymeriad hefyd, felly mae'n bwysig iawn o safbwynt hynny. Dyw ambell actor ddim yn hapus i gael ymarferion heb y colur, hyd yn oed, felly mae *continuity* cadw edrychiad y cymeriad yn gyson yn rhan fawr o swydd dylunydd colur.

Maria Pride (Debbie)

Ma Debbie wastad 'di ca'l colur tywyll, trwm o amgylch ei llygaid, sy'n helpu lot ar sgrin, wy'n meddwl, achos mae'n neud iddi edrych yn eitha caled. Ond wedyn 'ny, ers Dubai, benderfynon ni fod isie 'bach o *bling* arni nawr, fel merched eraill y pentre, a ni'n rhoi *fake tan* arni, fel Sioned a Dani. A'r ewinedd. Ni 'di sgwennu mewn i'r stori fod Dani'n gwneud ei hewinedd hi'n aml. Dyw hi ddim yn *girly* fel y ddwy 'na, ond mwya o liwie a mwya o bethe ma hi'n gallu rhoi arno, hapusa i gyd yw hi. Ma'r colur a'r dillad a'r *bling* yn cyfleu pa fath o hwylie sy arni. Os gweli di lai ohono, ti'n gwbod bod hi'n eitha isel, ac os gweli di lot ohono, ma hi'n teimlo *on top form*.

Lisa Victoria (Sheryl)

Y llygaid sydd eu hangen arna i'n fwy na dim er mwyn portreadu Sheryl. Ma'n nhw'n gorffod danso. Ma Eirioes (colur) yn anhygoel – smo i'n gwbod beth ma hi'n neud, ond ma'n nhw'n danso, ac mae fel 'se diemwntiaid drostyn nhw i gyd, ma sbarc 'na. Felly, y llygaid, y gadwyn, a'r sodlau uchel, wrth gwrs.

Babs Roberts

Dechreuodd Sheryl efo wig gyrliog, dywyll, a *piercing* trwy ei thrwyn, felly mae hi 'di newid llawer ers iddi gyrraedd flynyddoedd yn ôl. Roedd hi'n *dollybird* i ddechre, ag ewinedd o bob lliw, ond erbyn hyn mae 'na lawer o Lisa'n perthyn i Sheryl.

Tara Bethan (Angela)

Colur sydd angen arna i i chwarae Angela'n fwy na dim byd, achos dwi ddim yn gwisgo colur oni bai bo fi'n mynd allan neu rwbath. Dwi jyst yn casáu rhoi stwff ar fy ngwynab, a dwi'n credu bod hynna achos bo fi 'di bod yn ei wneud o ers o'n i'n ifanc iawn. Wedyn, unwaith ma gen i golur ymlaen, mae'n gneud i fy ngwynab edrych yn llai diddorol, ti'm yn gweld y *bags*. Os ydy 'nghariad yn cyrraedd adre a dwi 'di dod yn syth o'r gwaith, mae o wastad yn deud, 'Oh, you've got your Angela on.'

Catrin Mai Huw (Gemma)

Dwi prin yn gwisgo colur o ddydd i ddydd, a hefyd dwi'n cofio un peth ddwedodd *make-up artist* wrtha i flynydde 'nôl – mae'n neud job actor yn haws os wyt ti i fod i edrych yn ofnadwy. Ac ers hynny, unrhyw gyfle sgen i i beidio gwisgo colur ar y sgrin, dwi'n bachu ynddo fo. Felly dwi a Babs wedi bod yn gweithio ar hwyliau Gemma, achos ma hi i fyny ac i lawr lot, yn eithafol, ac rydyn ni'n trio adlewyrchu hynny gymaint â phosib. Ella sa'n wahanol tase gen i bryd a gwedd mwy diniwed, ond does gen i ddim, a chaf i byth fy nghastio yn y rhannau yna.

Nia Caron (Anita)

Ma ca'l neud y gwallt a'r colur yn helpu. Cyrlers bob bore, llyged eitha trwm a lipstic llachar, ac os nad oes colur arni, y'ch chi'n gwbod bod Anita'n rili isel. Ma hi'n lico i bawb feddwl bod pethe'n *hunky-dory* yn ei bywyd hi. Yr unig gyfnod wisges i ddim colur o'dd pan gollodd hi Dwayne ac Eira; wnath hi jyst adel iddi'i hunan fynd, ac wedyn, yn sydyn, ma rhwbeth yn gweud wrthi, reit, digon yw digon.

Catrin Powell (Cadno)

Dyw Cadno ddim yn gwisgo colur o gwbl. Mae'n neis weithie, achos dwi'm yn gorfod eistedd yn *make-up* am oriau jyst i gael *ponytail*. Ond weithie dwi'n gweld pawb arall yn cael eu glamio i fyny, a dwi'n teimlo'n rhwystredig!

Arwyn Davies (Mark)

Dwi'n cofio cael crasfa gan Clem – o'dd hi'n olygfa anhygoel. Ro'n i wedi torri mewn i'w dŷ, a ffindodd e fi yn y lownj. A ddechreuodd e 'mwrw i, ac o'n i tu ôl i'r soffa, a 'na le o'dd e'n cico a stampo, a dwi'm yn siŵr es i mewn i goma neu rywbeth. Babs wnaeth y colur, a be naeth hi o'dd glynu sleisys o ham ar 'y ngwyneb i, a gosod gwaed ar y top wedyn, ac o'dd e wir yn edrych fel 'se'r croen jyst 'di dod off. O'dd e'n ffantastic. Ond roedd yn rhy graffig ar gyfer y slot amser, felly chafodd yr anafiadau yna ddim o'u dangos ar y sgrin.

Llinor ap Gwynedd (Gwyneth)

Reit ar y dechre o'dd Gwyneth yn gwisgo *eyeliner* tywyll a dillad caled iawn. Ro'dd 'i gwallt yn hir, ac ro'dd hi'n ei roi e lan. A wedyn gath hi ganser, a siafodd hi 'i gwallt hir i gyd bant. Wy'n cofio saethu'r olygfa honno a'r *clippers* yn mynd drwy 'ngwallt. Nethon ni fe ar y sgrin, a wy'n credu 'nath hwnna fe'n fwy anodd fyth. Ymateb Mam, pan wedes i wrthi bo fi'n siafo mhen, oedd: 'O! Dy wallt hardd!'

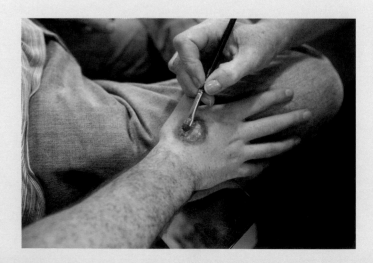

Eirioes Elfyn

Y sgiliau pwysica sydd eu hangen wrth weithio ar *Pobol y Cwm* yw'r gallu i wrando ac i wybod eich lle. Dydych chi ddim yn ffrindiau â'r actorion, ond ry'ch chi'n dod i wybod pob dim amdanyn nhw. Mae pob dydd yn wahanol, a does dim dwy olygfa'r un peth. Mae angen bod yn gallu addasu ac ymateb ar amrantiad. Mae'r artistiaid colur yn dod i nabod y cymeriadau mor dda nes bod y cyfarwyddwyr a'r cynhyrchwyr yn barod i wrando arnoch chi os ydych chi'n awgrymu ambell beth.

Hywel Llywelyn
(Andrew Teilo)

Athro anghyfrifol a diegwyddor, cythraul dan din, a Casanova'r Cwm – dyna dair ffordd o ddisgrifio bywyd a gyrfa Hywel Llywelyn ers iddo lanio yng Nghwmderi yn 1991. Bu'n gamblwr, yn *gigolo* ac yn berchen ar fragdy Cic Mul, cyn iddo barchuso a dod yn rheolwr cwmni cyfrifiaduron a gorsaf radio Cwm FM.

Yn fab i'r Cynghorydd Dan Llywelyn, ac yn gyn-breswyliwr yng Ngholeg Caeron, daeth Hywel i'r Cwm fel cyw athro ysgol gynradd dan adain y brifathrawes, Beth James (Leyshon gynt). Cyn pen dim, datgelwyd perthynas Hywel a gwraig Sarjant James pan welodd Rod a Glan y ddau'n caru mewn car wrth ochr y ffordd. Gadawodd Beth Gwmderi dan gwmwl, a phenodwyd Hywel yn athro yn Ysgol y Mynach.

Byth ers hynny, mae ei fywyd carwriaethol wedi bod yn ddryswch i unrhyw un sydd wedi trio'i ddilyn! Fe ddechreuodd berthynas â Stacey Jones, chwaer Mark, a'i phriodi ychydig ddyddiau cyn Nadolig 1994. Ond ar ôl i Hywel ei bradychu gyda'i gyn-gariad Dr Rachel, penderfynodd Stacey fynd i'r brifysgol, lle cafodd hi affêr â Cai Rossiter. Pan chwalodd y briodas, fe gysgodd Hywel gyda merch ysgol arall o'r enw Nia. Cyn hir, roedd Nia'n disgwyl, a hi oedd mam unig fab Hywel, sef Rhys. Gwylltiodd Llew Matthews, tad Nia, yn llwyr a'i saethu yn ei ddicter, ond llwyddodd Hywel i oroesi hynny.

Bu Cassie yn gefn mawr i Hywel pan wynebodd e fwgan canser y ceilliau. Ond Ffion – gweddw Owen, y llofrudd o weinidog – ddaeth yn ail wraig iddo, er iddo gysgu gyda'i chyfnither Nesta a'i gwneud yn feichiog cyn priodi Ffion. Maddau i Hywel wnaeth Ffion, a bu'n gymorth iddo tra bu'n magu Lleucu'r babi dros dro, cyn iddi hi ei fradychu â'i elyn pennaf, Cai. Ond torrwyd calon y ddau pan aeth Nesta â Lleucu i fyw yn y gogledd, a throdd Ffion at y botel am gysur. Cafwyd tro cïaidd olaf yn y gynffon pan ddatgelwyd nad Hywel oedd tad Lleucu, ond cymar presennol Nesta, sef Cai.

Mae Hywel yn hapus gyda Gaynor erbyn hyn. A bu Hywel yn ddigon dewr i gynnig trawsblannu rhan o'i afu i Arwen, merch Jinx a Ffion, ei gyn-wraig, er i hynny beryglu ei iechyd yn fawr. Mae'n dal i'w weld ei hun yn 'un o'r bois', ac mae wrth ei fodd â'i rôl fel hyfforddwr y tîm rygbi lleol. Ond a yw'r Hywel hunanol yn dal i lechu yn rhywle? Amser a ddengys …

Stacey a Hywel

Ffion a Hywel

Gaynor a Hywel

Andrew: Wy'n credu bod ambell ddyn yn dyheu am gael bod yn Hywel – ond druan ag e os yw e! Mae Hywel yn gymeriad sy'n ei ddarbwyllo'i hunan ei fod e'n hapus, ond sy'n cydnabod hefyd ei fod yn enaid crwydrol. Teimlo'i fod yn colli'r rhyddid hwwnw ar unrhyw adeg sy'n gyfrifol am ei gamweddau a'i ymddygiad ofnadwy. Dyw Hywel ddim wedi cyrraedd canol oed a chael creisis – mae wedi bod yn mynd o un creisis i'r llall trwy gydol ei fywyd! Bod yn hunanol yw problem Hywel. Mae e'n caru'i hunan ormod, a wy'n credu ei fod yn un sy'n gweithredu ar hynny. Pryd o'dd e'n hapus ddwetha? Ma hwnna'n gwestiwn da iawn …

Terry Dyddgen Jones
(Cyfarwyddwr)
ar Andrew Teilo

Un o'n hoff gymeriadau i yw Hywel. Mae Andrew Teilo'n gallu troi ei law at unrhyw beth – ma 'na lot o bersonoliaeth yno, ac mae'n fodlon gwneud unrhyw beth. Fel cynhyrchydd ar y pryd, ro'n i'n eithriadol o falch o gyflwyno stori canser y ceilliau Hywel, a'r modd y deliwyd â hynny. Roedd hyn cyn i unrhyw un arall wneud y stori mewn opera sebon, ac ro'n i'n hapus iawn â'r ffordd ymatebodd Andrew i ddatblygiad y stori, a Hywel fel tase fe'n cuddio rhywbeth oddi wrth Cassie a'r gynulleidfa, nes bod pawb yn meddwl mai cael affêr oedd e – eto fyth.

Andrew: Wy'n cofio 'ngolygfa gynta fel se'n ddoe. O'n i'n ca'l fy nghyfweld am swydd athro yn yr ysgol fach. Roedd y set yn sbwci o debyg i stafell athrawon Ysgol Ffair-fach, ac o'n i'n teimlo fel 'sen i ar fin ca'l stŵr, achos dyna oedd yn digwydd bob tro o'n i'n gweld y stafell pan o'n i'n ddisgybl ysgol gynradd! O'n i'n wirioneddol nyrfys, a wy'n credu, yn eironig ddigon, i hynny ychwanegu at y perfformiad, achos wedodd fy mam rhywbeth fel, 'Der, o'dd ofan arnot ti yn yr olygfa 'na.' Itha reit!

Arwyn Davies (Mark) ar Andrew Teilo
Mae Andrew yn actor dwi'n dwlu watsio, y ffordd ma fe jyst mor naturiol.

Cefndir Andrew

Brodor o Landeilo yw Andrew Teilo, ac mae'n dal i fyw yn ei filltir sgwâr. Treuliodd gyfnod yng Ngholeg y Drindod, Caerfyrddin, yn hyfforddi fel athro celf, cyn rhoi ei fryd ar y byd actio. Yn ystod blwyddyn olaf ei gwrs, cafodd ran yn y gyfres deledu *Tydi Bywyd yn Boen?* gyda Mirain Llwyd Owen, sy'n un o awduron *Pobol y Cwm* erbyn hyn, cyn derbyn rhan Hywel.

Eileen Probert
(Sera Cracroft)

Eileen a Denzil

Cyflwynwyd Eileen gyntaf 'nôl yn 1989, a hynny ar ddêt aflwyddiannus â Barry John. Ond pan gafodd Denzil Rees gip ar y ferch fferm o Sir Gâr, seliwyd ffawd y ddau fel pâr hapusaf Cwmderi – am gyfnod. Prin y gwyddai neb am ei chefndir trist, na chymhlethdod ei bywyd teuluol, a bu'n rhaid aros chwarter canrif i gael darganfod y gwir am y ferch o gefn gwlad.

Tra oedd Eileen yn astudio coginio yng Ngholeg Pibwrlwyd, dyweddïodd hi a Denzil ar drip i Sioe Amaethyddol Amwythig, a phriodi yn 1991. Roedd hi'n gweithio dan adain Norman yn y Plas pan ddaeth Gina, ei chwaer fach wyllt, i fyw yng Nghwmderi. Yn 1993 ganwyd efeilliaid, John a Sioned, i Denzil ac Eileen, ond trawyd y teulu a'r Cwm gan drychineb pan fu farw John yn y crud.

Taenodd eu galar gysgod drostyn nhw am gyfnod maith, a'r flwyddyn ganlynol symudodd y teulu bach i fferm Penrhewl, lle bu Eileen yn cadw ymwelwyr. Bu Eileen yn gefn i Gina pan herwgipiwyd Gwen, ei merch fach hithau, gan yr heddwas lleol, Rod. A rhoddodd Eileen groeso i'w chwaer arall, Maureen, pan ddaeth hithau i fyw yng Nghwmderi.

Yn 1996, daeth diwedd ar ddedwyddwch 'Eileen a Denz' pan ddatgelwyd ei bod hi wedi bod yn cael affêr gyda'r cyfreithiwr Jon Markham. Torrwyd calon Denzil pan aeth Eileen a Sioned i fyw at Jon yn Aberystwyth. Dychwelodd Eileen dros dro ar gyfer angladd Gina, pan gafodd hi ddamwain car angheuol yn 1998, a phriododd Denzil a Maureen.

Yn 2007, daeth Eileen yn ôl i'r pentref yn dilyn marwolaeth Jon. Roedd Sioned yn ei harddegau ac yn dipyn o lond llaw, ac aeth i fyw gyda'i thad ac Anti Marian. Er gwaethaf loes eu hysgariad, ailgydiodd Eileen yn ei chyfeillgarwch â Denzil wrth iddi ddatblygu'i chwmni cynnyrch organig, a dyfodd yn y man yn bartneriaeth fusnes lwyddiannus.

Bu marwolaeth Denzil yn 2012 yn ergyd fawr i Eileen, a dim ond cynyddu wnaeth y tensiwn rhyngddi hi a Sioned wedi hynny. Daeth penllanw dramatig i'r blynyddoedd o boen pan ddaeth Sioned i wybod bod Angela Probert hefyd yn ferch i Eileen.

Gwnaeth Eileen ei gorau i egluro wrth Sioned sut y cipiwyd Angela oddi wrthi yn dilyn yr enedigaeth, a hithau'n ddim ond un ar bymtheg oed ar y pryd. Ond mae Sioned yn dal yn gyndyn i faddau i'w mam am gadw'i chyfrinach cyhyd. Mae perthynas Eileen â Jim Probert, cyn-ŵr Angela a thad Courtney, wyres Eileen, wedi cymhlethu'r sefyllfa hefyd. Priododd Eileen a Jim, ond darganfuwyd bod y berthynas yn un anghyfreithlon.

A ddaw haul ar fryn i Eileen? Am y tro, mae'n ddigon bodlon yn rhedeg Siop Sioned ac yn byw gyda Jim. Ond wrth iddi arfer â'i rôl newydd fel penteulu o ferched cryf, a welwn ni drefn newydd yng Nghwmderi?

Sera ar Eileen

Dwi'n cofio 'ngolygfa fawr gynta, pan o'n i'n gorfod gwylltio efo Denzil. Roedd hynny'n braf, achos o'n i wastad yn trio ymladd yn erbyn neis-neisrwydd Eileen. Ddechreuodd fy wyneb gochi wrth i fi wylltio, ond o'n i'n gwbod fy leins yn dda, a 'nes i feddwl, grêt, falle bo fi wedi dechre cael gwared o ddelwedd y 'ferch neis'.

Colli John

Ar ddiwedd wythnos stori marwolaeth John yn y crud, dwi'n cofio bod fy nannedd yn brifo. Nid y ddannodd oedd o – roedd yn brifo hyd at fêr fy esgyrn. Dydy dy gorff di byth yn gwbod ydy o'n iawn neu beidio, a'r wythnos honno roedd fy nghorff i'n gwbod na fydde'r straen yn codi nes bod y ffilmio drosodd.

Eileen a Denzil

Roedd pobl yn deud na fyddai Eileen a Denzil byth yn gwahanu, mai nhw oedd y *golden couple,* wastad yn hapus, ond o'n i 'rioed 'di meddwl amdanyn nhw fel 'na – pwy sa'n medru bod go iawn? Felly, pan glywais eu bod nhw'n gwahanu, roedd hynny'n iawn efo fi! Ac mae o ynghlwm efo be ddigwyddodd yn ddiweddar – yn amlwg, nid Denzil oedd y dyn cynta iddi ei garu.

Eileen ac Angela

'Nath y stori efo Angela ddangos pam ei bod hi fel mae hi, sy'n help, achos rhaid bod ei rhieni'n bobl erchyll, yn ei gorfodi i roi'r babi i ffwrdd, a pheidio â sôn gair. Mae hynna'n fwy creulon na gweiddi ar rywun – dim gair.

Pan dwi'n cyfarfod pobl, ma'n nhw'n deud, 'O, mae isie i ti roi coten i'r ferch 'na!' a rhyw bethe fel 'na am Sioned, a 'Halen y ddaear ydy Eileen'. Ond fe ddywedodd Eileen wrth Sioned mai'r person anghywir fuodd farw (ei hefaill, John), sy'n beth ofnadwy i'w ddeud, a dwi'n cofio meddwl na allwn i byth ddeud y geiriau hynny.

Cefndir Sera

Un o bentre Rhyd-y-foel, ger Abergele, yw Sera Cracroft yn wreiddiol. Roedd wrth ei bodd yn dynwared acenion pan oedd yn blentyn, a'i nain yn gosod ei chartref fel llety haf i ymwelwyr o bell ac agos. Graddiodd o Brifysgol Bangor a chael rhan Eileen yn 1989. Gadawodd Gwmderi yn 1996, ond fe barhaodd i chwarae'r cymeriad yn y gyfres ddrama ddyddiol *Eileen* ar Radio Cymru rhwng 1997 a 2004. Bu hefyd yn actio yn *Rownd a Rownd* ac *Amdani* ar S4C. Yn 2007, chwaraeodd ran yn y ddrama *Maes Terfyn* gan Sherman Cymru, cyn dychwelyd i chwarae Eileen yn *Pobol y Cwm.*

Sera: Dwi wastad wedi meddwl am Eileen fel cymeriad; dwi'n ei hactio hi, ond dwi'n ddim byd tebyg iddi. Dwi ddim rili'n ei licio hi llawer. Mae hi'n *passive-aggressive* ac yn trio rheoli pethe o hyd. Mae pob actor isio rhyw fath o eglurhad am ei gymeriad, ac roedd deall ei bod wedi gorfod rhoi ei phlentyn i ffwrdd yn gwneud synnwyr i mi, achos o'n i 'rioed 'di credu'r peth *goody two-shoes*. Dwi'n hapus iawn fod hynny 'di digwydd, achos mae'n dangos ei bod hi'n berson cig a gwaed, ac o'n i 'di meddwl hynna fy hun pan o'n i'n ddwy ar hugain, yn cael fy nghastio fel Eileen gynta.

Iolo White

(Dyfan Rees)

Cefndir Dyfan

Un o bentref Crwbin, Cwm Gwendraeth, yw Dyfan Rees, a chafodd gyfleoedd niferus wrth iddo ddechrau perfformio yn ei filltir sgwâr. Ac yntau'n dal yn yr ysgol gynradd yn y flwyddyn 2000, bu'n rhan o sioe groeso'r Eisteddfod Genedlaethol i dref Llanelli. Cafodd bob cefnogaeth gan ei athrawon yn Ysgol Gyfun Maes yr Yrfa, a bu'n aelod brwd o Theatr Ieuenctid Menter Cwm Gwendraeth. Wedi cyfnod yn y coleg yng Nghaerdydd, cafodd asiant a sicrhau rhan Iolo ar *Pobol y Cwm* yn 2009.

Glaniodd Iolo yn y pentref fel plentyn y ddinas, yn fab i Dr Gwen a Siôn White. Yn un o dri brawd – y mab canol rhwng Macs a Huw – cafodd lencyndod anodd ar y naw. Bu farw ei fam o diwmor ar yr ymennydd, a achosodd alar a thorcalon i bawb.

A'r teulu ar chwâl, cafodd Iolo drafferthion yn yr ysgol, a gadawodd yn gynnar i astudio i fod yn blymar yng Nghaerdydd. Pan ddychwelodd adre i Gwmderi a chael croeso mawr, datgelodd ei fod yn hoyw. Cafodd bob cefnogaeth gan ei deulu bryd hynny, ac mae ganddo berthynas glòs â'i dad a'i lysfam, Britt.

Ond doedd dod allan fel dyn hoyw yng Nghwmderi ddim yn fêl i gyd. Cafodd ei daro gan Scott ar ôl rhannu cusan ag e, ac aeth i ddŵr poeth go iawn yn ei berthynas gyntaf un. Syrthiodd mewn cariad ag Alun, dyn priod, hŷn nag e, oedd yn bartner busnes i Siôn. Gadawodd Alun ei wraig i fyw gyda Iolo, ond daeth eu perthynas i ben yn sgil y pwysau.

Bu Iolo'n byw yn rhif 7, y Stryd Fawr, ers tro, yn fodlon ei fyd yng nghwmni ei ffrindiau, Colin a Gethin. Perthynas gymhleth yw un Iolo a Gethin ers i Iolo daro Gethin â'i gar pan oedd e'n ceisio dianc oddi wrth ei dad, Moc. Roedd Iolo mewn cyfyng gyngor llwyr oherwydd ei fod wedi bod yn yfed a gyrru, ond perswadiodd Britt a Garry fe na ddylai fynd at yr heddlu, yn groes i ddymuniadau Siôn, a gafodd ei siomi yn ei fab. Pan ddaeth Gethin ato'i hun, roedd yn cofio popeth, ac am gyfnod hir bu'n bygwth Iolo, gan ei feio am ei roi mewn cadair olwyn, a'i orfodi i ufuddhau i'w ddymuniadau, yn cynnwys rhoi to uwch ei ben a gweini arno. Ond ymhen hir a hwyr, setlodd perthynas y ddau, a'r rhan fwyaf o'r amser, maen nhw'n dod ymlaen yn dda.

Mae Huw yn byw mewn cwlt yn Awstralia gyda'i wraig a'i blentyn, ac mae Macs yn dioddef o broblemau iechyd meddwl, ac yn byw ar ei ben ei hun yng Nghaerdydd. Ac yn ddiweddar daeth yn amlwg nad yw popeth yn iawn wrth i bryder Iolo ddatblygu'n anhwylder obsesiynol. Am ba hyd y gall gario'r baich cyn i bethau fynd yn ormod iddo?

Dyfan ar Iolo

Pan dda'th Iolo 'nôl o Gaerdydd, o'dd e'n fwy cyffyrddus 'da'i rywioldeb. Do'dd e ddim yn deall pam roedd e'n teimlo'n wahanol pan o'dd e'n tyfu lan, a 'na beth halodd e i fod yn fachan drwg. Ond nawr ma fe'n deall ei hunan, ma fe'n gwbod pwy yw e fel person. O'dd colli'i fam yn beth erchyll i Iolo. Mam o'dd ei ffrind goro fe.

Wy'n credu bod Iolo moyn bod fel ei dad – yn berson cyfrifol. A wy'n credu taw 'na pam mae e wedi bod lle ma fe, y pryder a'r OCD, achos bod e'n gweud wrtho'i hunan drwy'r amser: bydd yn dda, yn rhesymol, yn fachan da, paid gadael Dad lawr, ma Dad 'di bod trwy ddigon.

Dod allan ar y sgrin

O'dd fy stori gynta i'n un fowr – dod mas fel cymeriad hoyw. Ar y dechre, ges i ambell i brofiad cas achos 'ny. Wy'n itha lwcus, ma 'da fi frawd sy'n *body-builder*, ac o'dd e mas 'da fi un noson, ac o'n i'n saff wedyn. Ond wir, 'nath hwnna neud i fi roi lot mwy mewn i'r cymeriad er mwyn mynd ar nerfau'r bobl 'na. Wedyn, ar ôl sbel, dechreues i ga'l negeseuon ar Facebook a Twitter, a phobl yn diolch i fi am whare rhywun hoyw mewn cymuned fach, ac o'dd e'n werth e.

Dyfan: Ma *Pobol y Cwm* yn meddwl lot fawr i bobl, a ma fe lan i ni'r actorion i'w neud yn werth chweil i'r gynulleidfa. Wy'n lico'r *shock factor*, wy'n joio neud y pethe trwm, cryf, er bo fi'n rhoi lot o bwyse ar fy hunan, ac mae'n gallu bod yn eitha her. Ond y gwir yw, wy'n joio, a fydden i ddim moyn neud unrhyw beth arall.

Cymeriadau'r Cwm
Golwg ar y gorffennol

Jac Daniels a Wayne Harries

Y Parch TL Thomas, Y Parch Eleri, Linda a Ken Coslett a Jacob Ellis

Bella Davies

Carol, Lisa a Dic Deryn

Cassie a Mrs Mac

Beth James

Mrs Mac a Glan

Sharon a Tony

Kath Jones

Rod a Gina gyda Gwen

Karen a Derek

Gina, Olwen a Karen

Dr Rachel a Llew

Mr Tushingham

Magi Post

Edgar Sutton a Dai Ashurst

Mrs Mac a Kirsty

Nerys Cadwaladr

Cassie Morris

Dic Deryn

Dyff Jones

Barry John

Jason Francis

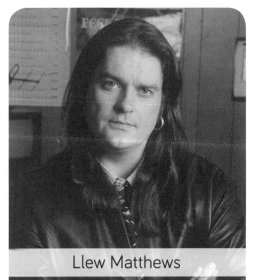

Llew Matthews

Meira Ellis

Doreen Bevan

Stan Bevan

Emma Francis

Reg Harries

Lisa Morgan

Ieuan Griffiths

Lisabeth: Mae Cwmderi'n agos iawn at galon Megan gan mai yno y magodd ei phlant. Mae bro, capel, cymuned a chymdeithas yn bwysig iawn iddi. Weithia ma hi'n sathru ar gyrn pobl, ac ella'i bod yn rhoi'r argraff ei bod yn gwbod mwy nag eraill ynglŷn â sut y dylia petha ga'l eu gneud. Dwi'n pitïo'i bod yn deud ambell beth, ac yn gresynu'i bod yn tynnu'n groes efo rhywun o hyd, ond dyna fo!

Megan Harries

(Lisabeth Miles)

Roedd Megan James yn un o drigolion gwreiddiol Cwmderi pan oedd hi a'i gŵr cyntaf, Cliff, yn berchen ar dafarn y Deri. Bu anallu'r ddau i gael plant yn achos tristwch a thipyn o ffraeo, ac ar ben hynny roedd Megan yn amau bod Cliff yn cael affêr gyda Nerys Cadwaladr. Fe ddaethon nhw i ddeall ei gilydd, a phenderfynu mabwysiadu plentyn. Daeth Gareth Wyn i fyw atyn nhw yn y Deri yn 1975.

Bedair blynedd yn ddiweddarach, cafwyd newyddion mawr – roedd Megan yn disgwyl babi. Bu farw Cliff yn ddisymwth cyn geni Rhian Haf, ond daeth Dil Harries i helpu i redeg y bar, a chyn hir, dechreuodd ei fab, Reg, ddangos diddordeb yn Megan. Fe briododd y ddau yn 1982. Bu Megan a Reg yn ganolbwynt y pentref am flynyddoedd maith, a magu eu teulu'n ddigon diddig yn y Deri, er bod Mrs Owen, mam Megan, yn ddraenen yn ystlys Reg o bryd i'w gilydd. Roedd eu cefndir yn wahanol iawn, gyda Megan yn dod o deulu cefnog tra oedd Reg yn sosialydd i'r carn. Bu anghytuno ffyrnig pan fynnodd Megan a'i mam y dylai Gareth Wyn gael addysg breifat yng Ngholeg Caeron. Dirywiodd pethau rhyngddyn nhw, a chyhuddodd Reg Megan ar gam o gael affêr gydag athro yn y coleg.

Gwerthwyd y Deri i Glan a Mrs Mac ar ôl i Reg gael trawiad ar y galon ddydd Nadolig 1991, ac aeth y teulu i fyw i gartref moethus Dôl y Felin. Gwnaeth Megan ei gorau i adennill ymddiriedaeth Reg trwy fuddsoddi yn ei fenter ym Mhwll Bach, ond gwahanodd y ddau yn 1994. Flwyddyn yn ddiweddarach, trodd Megan ei chefn ar Gwmderi i ddechrau bywyd newydd yng ngogledd Cymru.

Bu farw Reg yn 2003 tra oedd Megan yn byw yn Llandudno. Roedd hi'n gweithio gydag elusen Apêl Maenan, sy'n cynorthwy pobol fregus yn y gymdeithas, ac fe'i dyrchafwyd i rôl rheolwraig canghennau de Cymru. Dychwelodd i Gwmderi yn 2010 ac aros yn llety gwely a brecwast Eileen ym Mhenrhewl. Er mwyn gwarchod buddiannau Rhian Haf y daeth yn ôl yn wreiddiol, ond arhosodd i sefydlu siop Apêl Maenan, a chynnig cymorth i bobl anghenus yng Nghwmderi.

Erbyn hyn, mae Megan wedi hen setlo yn y pentref unwaith eto. Fe'i hanrhydeddwyd ag OBE am ei gwaith elusennol, a chafodd drip i Lundain yng nghwmni Mark Jones i gwrdd â'r Frenhines. Mae hi'n noddi sawl menter, yn cynnwys Antur Cwmderi a'r Gegin Gawl, a rhoddodd sêl ei bendith ar weithgarwch Siôn yng Nghapel Bethania. Mae ffyrdd Megan o weithredu'n codi gwrychyn rhai pobl, fel Anita a Diane, ac fe gafodd ei thwyllo'n ariannol gan Gethin, er mawr siom iddi hi. Serch hynny, mae hi'n falch o fod yn ôl yng Nghwmderi ar ôl cyfnod sylweddol i ffwrdd. Wedi'r cyfan, does unman yn debyg i gartref.

Cefndir Lisabeth

Fel plentyn yn y Waunfawr, Sir Gaernarfon, dotiodd Lisabeth Miles at waith y dramodydd lleol William Vaughan Jones, a bu'n cystadlu mewn eisteddfodau ac yn aelod o'r Band of Hope. Ar ôl iddi adael Ysgol Ramadeg Caernarfon, cafodd ei derbyn i Goleg y Castell yng Nghaerdydd – Coleg Brenhinol Cerdd a Drama Cymru erbyn hyn – cyn bwrw'i phrentisiaeth gyda Wales Theatre Company a Chwmni Theatr Cymru. Aeth ymlaen i chwarae rhannau mewn cyfresi radio a theledu cyn ymuno â chast gwreiddiol *Pobol y Cwm* yn 1974. Yn ogystal â chwarae rhan Megan Harries am gyfnod hir, portreadodd Margaret, gwraig y Prif Weinidog, yn y gyfres *The Life and Times of David Lloyd George*, a gyfarwyddwyd gan John Hefin yn 1981. Bu'n actio hefyd yn y cyfresi *Llygaid y Ddraig* a *Rownd a Rownd* ar S4C, yn ogystal â'r ffilm *Mela*. Bu'n aelod o gast *Diweddgan* – cyfieithiad Gwyn Thomas o *Endgame* gan Samuel Beckett – a fu ar daith drwy Gymru gyda Theatr Genedlaethol Cymru yn 2006.

Lisabeth ar *Pobol y Cwm* ddoe

Mi oeddwn i yn y bennod gynta, yn cario rhyw beis at gownter y Deri, a phethe syfrdanol fel 'na!

Cael gwahoddiad i ymuno efo'r cast gan John Hefin wnes i. Ac yn bendant, roedd rhai o'r rhannau wedi cael eu sgwennu'n benodol ar gyfer yr actorion profiadol fel Rachel Thomas, Dic Hughes, Charles Williams, Dilys Davies a Dillwyn Owen – roedd 'na griw ohonyn nhw.

Roedd Gillian Elisa'n fabi! Deunaw oed oedd hi ar y dechra. A 'dan ni'n dal yn ffrindia. O'n i'n ffrindia mawr efo Nesta Harries, oedd yn chwarae rhan Mrs Owen, mam Megan, ac efo Rachel Thomas. Ro'n i'n meddwl y byd o Dic Hughes, a Charles, a'r lleill, wrth gwrs, ond yn enwedig y tri yna. A doeddach chi ddim yn meddwl, o, ma'n nhw'n lot hŷn na fi. Roedd gen i barch mawr atyn nhw.

Lisabeth ar *Pobol y Cwm* heddiw

Roedd camu ar y set newydd yn brofiad arbennig. Ma medru cerdded i mewn ac allan, a gweld pobl a cheir yn mynd heibio a rhyw betha felly, yn rhoid teimlad da i chi. Pan dwi'n gwylio, dwi'n mwynhau'r elfen yna'n fawr iawn. Ydy, mae wedi gwneud gwahaniaeth mawr cael y set yma.

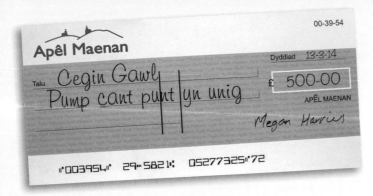

Ar dwyll Gethin

Dwi'n meddwl y basa dynas fusnas fel Megan yn fwy craff na hynny, ond ma'n rhaid i chi chwilio am reswm i gyfiawnhau gwneud rhywbeth na fasa hi'n ei wneud fel arfer, fatha gadael i'r bachgen yma fynd i'w chyfrifon banc hi. Y gwir amdani oedd ei fod o wedi ffalsio, a swyno dynas hŷn, ac ella'i bod wedi mynd i feddwl amdano fel ei phlentyn – dydy Gareth Wyn a Rhian Haf ddim yma, ond gallai hwn gymryd eu lle. Dyna sut ro'n i'n meddwl am y sefyllfa. Dwi'n hoffi gweithio efo Simon yn fawr, a gobeithio bod hynny 'di dod drosodd, ei bod wedi hoffi'r bachgen ac ymddiried ynddo fo, ac mae o'n gneud gwaith da efo'r Gegin Gawl. Felly ma'n rhaid ca'l rheswm a chyfiawnhad dros wneud rhywbeth mor hurt â hynna.

Lisabeth ar Megan

Roedd hi'n eitha cefnog – fysa Mrs Owen, mam Megan, yn atgoffa Reg weithia: cofia di, Reg, arian Megan sy 'di prynu'r lle 'ma!

Mae 'na ymateb arbennig i Megan. Dwi'n ca'l lot o dynnu coes, yn enwedig pan gafodd hi'r OBE! Ac ma llawer iawn o bobl, yn y dre ar ddydd Sadwrn, er enghraifft, yn deud, 'Sorry, I know your name isn't Megan, but …' Gofynnodd rhywun i mi ryw dro, pan o'n i efo fy merched, 'Ble ma'r mab?' 'Does dim mab gen i.' 'Wel, Gareth Wyn … O!' Dyna ddoth allan! Ac wedyn mi wridodd wrth sylweddoli be oedd hi wedi'i ddeud!

Roedd yn braf cael gwahoddiad i ddychwelyd i'r gyfres. Cafodd Megan aros efo Meic i ddechre, cyn symud i Benrhewl at Eileen. Mi ges i wneud tipyn go lew efo pobl oedd yn ei hadnabod hi, sef Gareth Lewis (Meic), Arwyn (Mark), Victoria (Diane) ac Emyr Wyn (Dai). Roedd hynny'n golygu bod sgwrs naturiol yn codi rhyngddyn nhw. Yna chwilio am le i fyw, a dwi wedi cael clamp o dŷ mawr erbyn hyn, felly rhaid 'mod i wedi gofalu am y pres!

Roedd Megan yn hoffi'r ffaith fod Diane yn eiddigeddus iawn o'r OBE, ond fedra i ddim cymeradwyo pethau felly fy hun, rhaid i mi gyfadde!

Yn yr adran hon mae pob dilledyn, pob darn o emwaith, pob het, esgid, cot, sgarff a maneg yn cael eu cadw. Mae'r tîm yn trafod delwedd pob cymeriad newydd ac unrhyw newidiadau i'r cymeriadau eraill gyda'r cynhyrchydd cyn dechrau cynllunio gwisgoedd ar eu cyfer. Maen nhw'n dilyn y straeon yn ofalus er mwyn adlewyrchu unrhyw newid cyfeiriad allweddol yn y gwisgoedd perthnasol.

Carol
Davies Marshall
(Cynllunydd Gwisgoedd)

Dwi'n siopa i'r cast fel dwi'n siopa i 'nheulu – ddim yn fwriadol, ond bob tro mae rhywbeth allai fod o ddefnydd yn dal fy llygad. Os oes gyda fi unrhyw ddilledyn pendant mewn golwg ar gyfer cymeriad, galla i fod yn chwilota am fisoedd cyn i fi gael yr *eureka moment* a gweld y pilyn perffaith. Ydy'r actorion yn cytuno? Ddim bob tro! Ond dwi a gweddill y tîm yn nabod y cymeriadau tu chwith allan erbyn hyn.

Bethan Charles (Uwch-arolygydd Gwisgoedd)

Mae'r actorion yn mynd yn hoff o'u gwisgoedd yn aml iawn, ac maen nhw'n ofergoelus, felly os oes rhywbeth yn digwydd i'r dilledyn, maen nhw'n gallu ypsetio. Mae lot fawr o wisgoedd gan rai ohonyn nhw. O'n i'n siarad ag Emily Tucker (Sioned) yn ddiweddar, a wedes i wrthi fod ei wardrob hi'n llenwi hanner hyd y storfa! Mae 'i stori hi 'di cael sawl tro gwahanol.

Yr adran celfi: maen nhw'n cydweithio'n agos â'r adran gwisgoedd

Sera Cracroft (Eileen)

O'n i'n gwybod bod *Pobol y Cwm* isio rhyw ferch fach oedd yn 'halen y ddaear' i fod yn gariad i Denzil, ond o'n i'n gwybod hefyd fod raid i mi greu rhywbeth fy hun i'r cymeriad. 'Nes i *costume fitting* efo'r cynllunydd gwisgoedd, a dwi'n ei chofio hi'n deud, 'Oh, I hope you don't mind ...' achos roedd Eileen i fod yn *plain Jane*. Fel actores, doedd dim ots gen i o gwbl. Dwi ddim yn un sy isio edrych yn ddel o hyd, achos Eileen ydy honna, a phan dwi'n mynd allan, gobeithio 'mod i'n edrych yn well fel Sera!

Sharon Roberts (Gaynor)

Dwi'n licio gwisgo sgidiau â 'bach o sawdl, achos mae'n gneud i fi gerdded yn wahanol, yn fwy awdurdodol, rywsut. Ac wrth gwrs, maen nhw'n rhoi'r gwallt mewn siâp *bob* – yr *helmet hair* – ac ma 'na lawer o grysau a *blazers*. Mae rhai pobl yn gweld Gaynor yn fwy *structured*, fatha rhyw *executive* Gaynor, ond ma hi'n eitha smart, a dwi'n meddwl mai dyna lle rydan ni'n wahanol, achos dwi'n lot mwy hamddenol na hi. Dwi byth yn gwisgo'i math hi o ddillad, achos i le fyswn i'n gwisgo pethe felly?

Catrin Powell (Cadno)

Sut ydw i'n troi mewn i Cadno? Jyst rhoi'r dillad afiach 'na mlaen! Pan ddechreuais i, o'n i'n gwisgo cap lledr efo pig, ac o'n i'n ei wisgo fe ym mhob golygfa! Dwi'm yn cofio pwy 'nath y penderfyniad, ond yn y diwedd, fe ddwedodd rhywun: reit, mae'n rhaid i'r hat 'na fynd! A ma 'na got werdd dwi'n gwisgo lot, a'r *overalls* lyfli, wrth gwrs!

Lisa Victoria (Sheryl)

Pan dda'th hi i mewn, o'dd 'da hi lipstic coch, *nail varnish* coch, sgyrts lan i fan 'yn – mae dynon y criw'n dal moyn i'r *mini-skirt* tartan ddod 'nôl! O'dd popeth yn fyr, yn *backless,* trowsus lledr, ond o'dd hi ddim yn neud e i fod yn rhywiol, dyna pwy o'dd hi. 'Na beth o'dd 'i dillad hi, o'dd hi jyst yn joio.

Richard Lynch (Garry)

O'n i'n gwisgo cadwyn pan lanion ni yma, ond fe ddiflannodd honno ar ôl rhyw dair, pedair blynedd wrth i Garry ddatblygu i fod yn fwy *classy*. Wy'n lico'r ffaith ei fod e wedi gwisgo'n dywyll ar hyd y blynydde, a fydden i ddim isie i hynny newid yn ormodol.

Victoria Plucknett (Diane)

Unrhyw beth sydd â phatrwm croen llewpart arno – mae hyd yn oed ffedog llewpart gyda Diane! Mae'r got ffwr yn hanfodol, a'r sodlau uchel. Alla i ddim â bod yn Diane heb y sodlau 'na. Ond falle taw'r bag yw'r peth pwysica, achos fel lot o fenywod mae ei bywyd i gyd yn y bag 'na.

Judith Jones (Cynllunydd Gwisgoedd)

Ry'n ni yn dilyn cyfarwyddiadau, ac yn rhoi sylw i'r ffordd mae cymeriad yn cael ei ysgrifennu hefyd, achos mae hwnna'n bwysig. Mae'n rhaid i ni ddilyn y stori, a bod yn driw iddi, ond dim ond fod y gwisgoedd yn datblygu yn y ffordd iawn, ni'n cael pen rhyddid i'w datblygu nhw, mewn gwirionedd.

Andrew Teilo (Hywel)

Mae Hywel 'di bod yn gwisgo'r un pâr o esgidiau ers deuddeg mlynedd, ma'n rhaid, a dyw e ddim yn Hywel hebddyn nhw. Rhyw *slip-ons* brown y'n nhw – ma'n nhw'n uffernol! Ond unwaith wy'n gwisgo'r rheina, wy'n gwbod nage Andrew ydw i, ond Hywel. Mae e'n dechre o'r llawr lan, mewn ffordd.

Emily Tucker (Sioned)

Mae 'da hi bâr o *knee-high boots* du fydden i byth yn gwisgo fy hunan – ie, y bŵts a'r *skinny jeans*. Well 'da fi wisgo *trackies*. Mae wardrob Sioned yn fawr achos mae hi 'di bod yn gymaint o bethe dros y blynydde – merch ysgol, merch fferm, a phopeth o'r siaced *tweed* a'r welis Hunter i *onesies*, dillad y siop, a dillad tu ôl i'r bar. Mae 'da 'ddi hefyd bâr o *earrings* wy'n gwisgo'n aml – hŵps aur – ac o ran ei cholur, y llygaid sy'n bwysig. Mae pawb yn meddwl 'mod i'n gwisgo *false eyelashes*, ond fy amrannau i yw'r rhain! Ie, y mascara a'r hŵps sydd angen arna i'n fwy na dim i fod yn Sioned.

Lisabeth Miles (Megan)

Dwi'n ddiolchgar iawn i'r adran gwisgoedd am beidio â 'ngwisgo i mewn dillad *beige and taupe*, a lastig rownd canol y trowsus a rhyw betha felly. Trowsusa ydy dillad bob dydd Megan, ac mae ganddi ambell beth testlus iawn. Mae'r het a'r siwt binc wisgodd hi i dderbyn ei OBE yn smart iawn. Ma'n nhw'n gwisgo rhywun fel bo nhw'n gyfforddus, ac yn gwneud synnwyr yng nghyswllt y ddrama. Ac mi ydw i'n edrych dipyn gwell ar ôl ymbincio!

Garry Monk

(Richard Lynch)

Brandon, Britt a Garry Monk

Un noson dywyll yn 2002, glaniodd Garry Monk yn mhentref Cwmderi. Roedd ei chwaer, Britt, yn feichiog, ac roedd e a'i frawd, Brandon, yn benderfynol o gael gafael ar Teg, y tad, i brofi nad oedd neb yn cael cymryd mantais ar y Monks. Byth ers hynny, mae nifer o bobl wedi dysgu'r un wers gan ddihiryn sydd wedi'i ddofi erbyn hyn – am y tro.

Yn y blynyddoedd cynnar hynny, dadlennwyd ochr dywyll i fywyd y Cwm drwy weithgareddau amheus Garry a'i ffrindiau – twyll, llwgrwobrwyo, cyffuriau, a herwgipio yn eu plith. Mae e bellach yn ddyn busnes cymharol gyfreithlon, ac yn berchen ar nifer o dai yn ogystal â'r garej a'r Sosban Chips, lle mae Britt, ei chwaer, yn gweithio.

Bu Garry'n atyniad mawr i'r merched – Sara, Ffion a DI Williams yn eu plith – ond Sheryl oedd yr un iddo fe am flynyddoedd lawer. Bu eu perthynas yn llawn tensiwn a drama, ac fe drodd yn dreisgar pan aeth tymer Garry yn drech nag e. Bu colli Sheryl yn ergyd drom, ond daeth tro ar fyd iddo pan ddysgodd y gwir am ei wreiddiau teuluol.

Cafodd y Monks eu magu mewn cartref plant yn Newcastle, sy'n egluro pam maen nhw mor agos at ei gilydd, a bu Britt yn chwaer ac yn fam i'w brodyr bach. Yn ystod ymweliad â'r ddinas yn 2011 yng nghwmni ei frawd a'i chwaer, datgelwyd mai hanner brawd i Britt a Brandon yw Garry. Ar ôl plentyndod mor ddifreintiedig – cafodd Garry ei hun ei gam-drin – roedd y gwir yn ddigon i'w anfon yn syth i freichiau Dani, dyweddi'i frawd.

Bu'n rhaid iddo ddelio ag euogrwydd mawr ei frad pan wrthododd Brandon faddau i Garry ar ei wely angau am gysgu gyda Dani. Daeth darganfod pwy ddechreuodd y tân a laddodd Brandon yn obsesiwn i Garry. Pan ddeallodd mai Gwyneth oedd yn gyfrifol amdano, a hithau'n fam i'w fab, Gwern, roedd bron yn ddigon amdano. Cafodd gyfnod tywyll iawn am amser hir cyn dod i delerau â phopeth a delio â'i ddicter. Gobaith Garry yw cael priodas hapus â Dani, ond daw'r ochr dywyll i'r amlwg unwaith eto cyn hynny …

Richard: Wy'n dwlu ar Garry, mae'n rhaid i fi gyfadde, achos os nad yw e'n gweud beth ma fe'n feddwl, ma fe'n actio mas beth ma fe'n 'i feddwl. Ma'r awgrym 'na o 'Dyma beth 'wy moyn, dyma shwt wy'n mynd i'w ga'l e' wastad yna. Yn amlwg, mae Garry wedi bod yn rhan o ochr dywyll *Pobol y Cwm* yn hirach o lawer nag mae e wedi bod yn fwy ysgafn, a'r ochr dywyll sy'n apelio fwya ata i fel actor. Gwendid Garry, tan yn ddiweddar, oedd ei anallu i ddelio â'i orffennol, ond ei gryfder yw ei fod e'n gwbod lle ma fe'n mynd.

Cefndir Richard

Ganwyd Richard Lynch yng Nghaerdydd a chafodd ei fagu ym Medwas, Cwm Rhymni. Aeth i Ysgol Gyfun Rhydfelen ac i Brifysgol Aberystwyth i astudio Drama. Gwaith llwyfan yw ei gariad cyntaf, a bu'n gweithio gyda'r Royal Shakespeare Company, Y Cwmni, The Royal Court, theatr Almeida a chwmni Brith Gof, yn ogystal â National Theatre Wales. Mae e hefyd yn adnabyddus am ei waith ffilm yn *Boy Soldier / Milwr Bychan*, *Y Mabinogi* a *Branwen*.

Sharon Jones (Arolygydd Sgriptiau) ar Garry

Fy hoff gymeriad i yw Garry Monk, achos pa ferch sydd ddim yn hoffi bachgen drwg? Mae'r cymeriad mor ffraeth, a ganddo fe mae llawer o'r llinellau gorau. Ac fel actor, mae Richard yn eu delifro mewn steil, ac mae'n ddelfrydol i weithio gydag e.

Richard ar Garry

Da'th e mewn fel cymeriad tywyll, a 'nath e ddatblygu i fod yn eitha sinistr. Hynny yw, mae e wedi cymryd ambell i lwybr, on'd yw e? Ar hyn o bryd mae e ar drywydd eitha strêt. Ac ma pawb yn meddwl bod hynny'n *boring* iawn!

Ar Garry a Sheryl

Yn y blynyddoedd 'wy 'di bod 'ma, Sheryl oedd y fenyw bwysica i Garry. Ma gen i theori fod hyn achos eu bod nhw'n dechrau caru ar adeg pan o'dd e'n dechre ffurfio rhyw ymwybyddiaeth ohono fe'i hunan. A falle, fel sy'n digwydd mewn bywyd go iawn weithiau, pan fydd rhywun yn dechre newid yn fewnol, dyw'r berthynas ma'n nhw ynddi ar y pryd ddim yn gallu pontio hynny, a dyna wy'n credu sydd wedi digwydd iddyn nhw. Mae Garry 'di symud i rywle gwahanol, a Sheryl wedi ffaelu mynd 'dag e, neu falle fod e ddim moyn iddi hi fod yna, achos yr atgofion am yr hen Garry. A wy'n credu bod 'na elfen o wirionedd yn hynny, er 'mod i'n dal i gredu y bydd rhan ohono'n caru Sheryl am weddill ei fywyd.

Ar Elin Harries (Dani)

Be sy'n ffab am Elin yw cymaint o egni sy 'da hi. Mae rili yn fyrlymus i weithio 'da hi: sa i cweit yn gwbod ble mae'n mynd i fod weithie, neu ble ma 'ddi'n mynd i fynd, ac ma hwnna'n beth neis.

Ar Gwern

Fel rhiant, ti isie i dy blant nid yn unig ga'l be o't ti'n ffaelu'i ga'l, ond i beidio neud y camgymeriade wnest ti. Felly ma Garry eisie i Gwern dyfu lan i fod yn ddim byd tebyg i Garry Monk y gorffennol. Fel pob rhiant, bydde fe'n amddiffyn Gwern hyd eithaf y byd.

Colin Evans
(Jonathan Nefydd)

Glaniodd Colin yng Nghwmderi yn 2008 â gwên lydan ar ei wyneb, bocs o siocledi a thusw o flodau yn ei ddwylo. Cafodd groeso mawr gan ei ferched, Lois ac Izzy, ond croeso llugoer roddodd Gaynor i'w chyn-ŵr, wedi iddo'i gadael hi a'r merched mewn dyled fawr.

Breuddwydiwr yw Colin yn y bôn, ond mae e'n meddwl y byd o'i ferched. Ac er i Gaynor ei gyhuddo ganwaith o osgoi ei gyfrifoldebau, mae'n un sy'n edrych ar yr ochr orau bob tro. Er ei fod yn fyrbwyll, mae'n llawn brwdfrydedd wrth ddechrau pob cynllun newydd, ac mae e wedi troi ei law at bob math o yrfaoedd. Bu'n farman yn y Deri, yn labrwr gydag ABD, a bu hyd yn oed yn berchennog fan hufen iâ ar un adeg. Erbyn hyn, mae wrth ei fodd tu ôl i'r til yn Siop Sioned yng nghwmni Eileen, ac yn mwynhau clywed holl glecs y Cwm.

Gaynor oedd ei gariad mawr, a phetai Colin yn cyfaddef y gwir, byddai wrth ei fodd yn ailgynnau'r berthynas. Er ei fod wedi derbyn nad yw hyn byth yn mynd i ddigwydd, mae e wastad ar gael i fod yn glust iddi hi. Syrthiodd dros ei ben a'i glustiau mewn cariad ag Anita, gwraig Meic, ond achosodd eu haffêr dorcalon i'r tri ohonynt a'u teuluoedd. Cododd Colin ei obeithion pan wahanodd Meic ac Anita, ond yn anffodus ddigwyddodd dim byd.

Mae wedi bod ar ambell ddêt ers hynny, gyda Debbie ac Eileen – ond pa fenyw sydd eisiau gwrando ar straeon am y gyn-wraig rownd y ril? Daeth Colin i'r adwy pan wynebodd ei ferched drafferthion mawr. Bu'n gefn i Izzy pan gafodd ei threisio gan Macs ac yn gysur mawr i Lois tra oedd hi'n disgwyl ei babi, Gwen. Fel 'Dad' mae e'n disgleirio fwyaf, ac mae'n colli cwmni'r ddwy yn fawr nawr fod Lois i ffwrdd yn y coleg ac Izzy'n teithio'r byd.

Mae Colin yn byw gyda Gethin a Iolo yn rhif 7 ers tro; dyma *bachelor pad* Cwmderi. Ond beth fydd ffawd y tri nawr mai Garry Monk yw eu landlord? Mae hwyl i'w gael yng nghwmni Mark fel *double-act* diweddara'r Cwm, ond tybed oes gobaith am gariad ar y gorwel i Colin?

Cefndir Jonathan

Ganwyd Jonathan Nefydd yn Llanelli, ond, fel mab i weinidog, cafodd ei fagu ym Mangor ac Aberystwyth. Aeth i Ysgol Gyfun Penweddig a hyfforddi fel actor yng Ngholeg Brenhinol Cerdd a Drama Cymru. Mae wedi gweithio gyda nifer o gwmnïau theatr ledled Cymru a thu hwnt, yn cynnwys yr Actors Touring Company, Clwyd Theatr Cymru a Theatr Genedlaethol Cymru. Dros y blynyddoedd, ymddangosodd yn y cyfresi teledu *Glan Hafren*, *S.O.S. Galw Gari Tryfan* a *Teulu*, yn ogystal â'r ffilm *Siôn a Siân* ar gyfer S4C. Nid Colin yw'r cymeriad cyntaf i Jonathan ei chwarae yn *Pobol y Cwm*. Yn 1989, chwaraeodd ran Huw, cariad Sandra Gwyther, ac yn 2004, fe oedd Gwilym, bargyfreithiwr Mark Jones.

Osian Edwards (Golygydd Sgriptiau) ar Colin
Fy hoff gymeriad i ydy Colin – mae o'n gwneud i chi grio a chwerthin yr un pryd.

Jonathan ar Colin a Gaynor

Dwi'n teimlo mai dim ond Colin sydd â digon o hyder i weud wrth Gaynor yn onest be mae e'n ci feddwl ohoni, a'i rhoi hi yn ei lle. All Hywel ddim rili gwneud hynny achos mae e 'i hofn hi tamed bach, a neith y bobl o'i chwmpas hi ddim neud achos ei gwaith. Ond mi neith Colin, achos dyw e'n malio dim.

Ar Colin

Mae gyda fe lot o wendidau, yn y ffordd ma fe'n ca'l y syniadau 'ma, a mynd amdani gant y cant yn lle pwyllo a meddwl tamed bach, rhoi mwy o feddwl i bethe. Dwi'n meddwl bod lot o bobl fel 'na – ma'n nhw'n ca'l rhyw syniadau, ma'n nhw'n freuddwydwyr mawr; ac ma Colin yn gredwr mawr y bydd fory'n well. Mae'r optimistiaeth 'na yn heintus, a dwi'n lico'r elfen 'na o'r cymeriad, achos ma fe wastad yn achosi siom mewn ffordd. Un o'r leins ma fe'n eu gweud amlat yw 'Onwards and upwards!', sydd yn itha neis fel rhan o'r cymeriad.

Ar Iolo a Gethin

Dwi'n lico'r ffaith fod Colin braidd yn dadol dros Iolo a Gethin – ma 'na *dynamic* eitha neis rhwng y tri ohonyn nhw, fel rhyw *Men Behaving Badly*!

Jonathan: Mae Colin yn gymeriad sy 'bach yn *larger than life*, a gan amlaf mae e mewn cornel, rywsut. Yn y bôn, dwi'n meddwl ei fod yn gymeriad trist iawn, ac oherwydd hynny ma gyda fe ryw *facade* o flaen pobl y pentre, ond weithiau ti'n ca'l cyfle i weld yr eiliadau tawel ac unig sy'n perthyn iddo fe. Pan mae'r cyfle'n dod, dwi'n mwynhau gwneud hynny'n fawr.

Hedydd Owen (Is-olygydd) ar Jonathan Nefydd
Fy hoff ran o'r swydd yw ymwneud â'r broses storïo, gweithio gyda phobl ddifyr a chreadigol a chlywed chwerthin iach Jonathan Nefydd yn atseinio ar hyd y coridor byth a hefyd.

Ffion Llywelyn

(Bethan Ellis Owen)

Cyrhaeddodd Ffion y Cwm yn 2004 fel athrawes chwaraeon a gwraig i weinidog newydd y pentref, Owen Morgan. Doedd gan Ffion ddim diddordeb yng ngwasanaethau Bethania, ond roedd hi'n ysu am gael bod yn fam. Oherwydd ei bod wedi cael ei heintio â chlamydia, collodd sawl babi yn y groth, a doedd triniaeth IVF ddim yn llwyddiannus. Pan gynigiodd Britt Monk gario babi ar eu rhan, derbyniodd Ffion ac Owen yn llawen.

Ond wrth i ddisgwyliadau Ffion droi'n obsesiwn, dechreuodd Owen golli ei bwyll. Cysgodd y pregethwr parchus â phuteiniaid yn ddiarwybod i'w wraig, a throi'n llofrudd cyn crogi ei hun. Daeth torcalon i ran Ffion eto pan anwyd Aaron, oherwydd methodd Britt â rhoi ei mab iddi wedi'r cyfan, ac yn sgil hynny, cafodd Ffion ei hamddifadu o'i dymuniad pennaf.

Yng nghanol y llanast hwn, dechreuodd Ffion ganlyn Hywel, a bu'r ddau'n hapus nes i Hywel gysgu gyda'i chyfnither, Nesta. Ar ddiwrnod eu priodas, datgelodd Nesta wrth Ffion ei bod hi'n feichiog, ac mai Hywel oedd tad y babi. Cafodd Nesta slap yn ei hwyneb, ond soniodd Ffion ddim gair wrth Hywel, ac aeth y briodas yn ei blaen er gwaetha'r twyll.

Darganfu Hywel mai fe oedd y tad pan adawodd Nesta y babi gydag e, a hithau'n dioddef o iselder ar ôl yr enedigaeth. Am gyfnod bu Ffion yn llysfam i Lleucu a Rhys, a bu'r pedwar yn byw'n gytûn yng Nghysgod y Glyn. Ond, wedi'i brifo i'r byw gan Hywel a'i frad, cysgodd Ffion gyda Cai Rossiter unwaith eto. Gwrthododd Hywel, o bawb, faddau iddi pan glywodd am berthynas Ffion a Cai – ei elyn pennaf.

Trodd Ffion at y botel pan gefnodd Cai arni hefyd. I ychwanegu at y boen o gael ei gwrthod ganddo, darganfu mai chwaer iddi oedd Nesta, nid cyfnither, mai Cai oedd tad Lleucu, ac mai Anti Val oedd ei mam go iawn. Daeth Garry i'w hachub pan geisiodd Ffion ladd ei hun, a daeth y ddau'n gariadon. Buon nhw'n byw yng nghartre moethus Ieuan Griffiths nes i Garry gael ei garcharu am dwyll ariannol.

Bethan: Dwi'n meddwl bod Ffion yn eitha hunanol, ond ma ganddi lond y lle o fwganod hefyd, on'd oes? Ma lot o bethe 'di digwydd iddi, ac ma hi 'di delio efo pob dim. Ond ma hi'n benderfynol o gael be bynnag ma hi isio, ac ma hi'n fodlon twyllo pobl i gael hynny. *Princess* ma'n nhw'n ei galw hi yn y swyddfa gynhyrchu – mae un gair i gynrychioli pob cymeriad, a dyna ydy un Ffion. Jyst achos ei bod hi'n cael beth bynnag ma hi isio yn y diwedd, sut bynnag ma hi'n llwyddo i neud hynny.

Doedd ond un peth amdani, a throdd Ffion 'nôl at y botel, a throi ei bywyd yn hunllef fyw. Daeth o fewn trwch blewyn i golli ei swydd yn Ysgol y Mynach am beryglu bywyd ei disgyblion. Bu Ffion hefyd yn fygythiad i berthynas Hywel a Gaynor nes iddi ddarganfod ei bod yn feichiog. Doedd ganddi ddim syniad pwy oedd tad y babi ar ôl cyfnod o gysgu gydag amryw o ddynion yn ei diod. Penderfynodd dwyllo Jinx mai ef oedd y tad. Er gwaethaf ei chelwydd noeth, fe glosiodd y ddau a syrthio mewn cariad, ac roedd eu byd yn gyflawn pan aned Arwen.

Ar ymweliad adre â Bethesda i gymodi â'i theulu, darganfu Jinx gan Taid fod Ffion ac yntau'n gefnder a chyfnither. Ar ddiwrnod eu priodas datgelodd Iolo mai Macs oedd tad Arwen – a dywedodd Jinx wrth Ffion am eu cwlwm gwaed. Er gwaetha'r cymhlethdodau a'r loes, glynodd y ddau at ei gilydd, gan sylweddoli na fu'r un ohonynt mor hapus erioed. Datgelodd Jinx yn ogystal fod tad go iawn Ffion yn fyw ac yn iach, ac yn byw gyda'i frawd yn Iwerddon.

Daeth salwch i darfu ar fodlonrwydd y teulu pan ddarganfuwyd bod Arwen yn dioddef o'r clefyd genynnol *biliary atresia*, sy'n effeithio ar yr afu, a bod angen trawsblaniad arni ar frys. Roedd Jinx yn barod i helpu Arwen, ond ar ôl iddo gael damwain ar ei feic a methu gwneud hynny, camodd Hywel, cyn-ŵr Ffion, i'r adwy.

Bu'r llawdriniaeth yn llwyddiant, ac mae'r tri'n hapus yng Nghysgod y Glyn. Yr unig beth allai fod yn goron ar y cyfan fyddai ail blentyn, ond â chynifer o rwystrau'n wynebu Ffion a Jinx, a fyddai'n syniad callach derbyn dedwyddwch eu bywyd bob dydd?

Bethan:

Dwi 'di bod yn lwcus iawn dros y deng mlynedd dwetha i gael straeon da, a chael cyfle i weithio efo gwahanol actorion hefyd. Ma pob stori dwi 'di ei chael wedi mynd â fi at ryw lefel lle dwi'n meddwl, alla i ddim mynd yn uwch na hyn, ond wedyn ma 'na lefel arall ac un arall eto, a dwi'n cael eithafion anferthol o emosiynau i'w chwarae. A'r her ydy llwyddo i'w gwneud nhw'n wahanol bob tro, a gallu mynd 'chydig pellach, pan dwi'n meddwl bo fi 'di cyrraedd yr uchelfan yn barod.

Alla i ddim deud bod gwneud golygfeydd lle ma Ffion yn y felan, yn gwneud i fi deimlo'n isel o gwbl, achos 'dio'm yn gweithio fel 'na i fi. Os dwi'n gorfod gwneud hynna, dwi'n mynd adre'n llawn cyffro, dwi'n teimlo fatha bo fi 'di cael dwrnod da yn y gwaith!

Efo Jinx rŵan, dyma'r hapusa ma Ffion 'di bod erioed. Dwi'n meddwl bo nhw'n wirioneddol hapus, er mai twyll oedd sylfaen y cyfan ar y dechrau.

Ar *Pobol y Cwm*, ti'n meddwl bo ti 'di gweithio'r cefndir allan, a wedyn elli di agor sgript yfory a ma hwnna i gyd yn cael ei daflu yn yr awyr, achos ti'n ffeindio mai rhywun arall ydy dy fam di, a rhywun arall ydy dy dad di ...

Cefndir Bethan

Un o'r Bontnewydd, ger Caernarfon, yw Bethan Ellis Owen yn wreiddiol, a symudodd i ardal Creigiau ar gyrion Caerdydd pan oedd yn blentyn. Dechreuodd actio tra oedd yn ddisgybl yn Ysgol Gyfun Llanhari, ac enillodd Wobr Richard Burton yn Eisteddfod Genedlaethol Castell-nedd a'r Cyffiniau yn 1994. Dilynwyd hynny gan ran yn y gyfres *Rownd a Rownd*, cyn iddi astudio yng Ngholeg Brenhinol Cerdd a Drama Cymru, Caerdydd. Cafodd rannau yn y ffilmiau *Solomon a Gaenor* a *Lois*, ac mewn cyfresi megis *Y Tŷ, Emyn Roc a Rôl* a *Lolipop* ar S4C.

Ar stori'r alcoholiaeth

Mi 'nath yr adran golur a gwisgoedd helpu cymaint, achos o'n i jyst yn gadael iddyn nhw neud i fi edrych yn ofnadwy – coch dan y llygaid, gwallt heb ei gribo, ac ma hwnna'n helpu i wneud i ti deimlo'n erchyll, dydy? Dwi'n meddwl bo raid i ti edrych yn ofnadwy os wyt ti'n neud stori fel 'na, neu os wyt ti'n neud stori gorfforol, ma'n rhaid i ti fynd amdani neu mae'n mynd i edrych yn wirion. Ac fel actores, dwi isio rhoi'r perfformiad gora alla i. Wedyn os ydy o'n mynd i neud i fi edrych yn well, hynny ydy, yn fwy chwil, efo mascara *smudgy,* wel, mwy plis! Baswn i'n licio i Ffion fynd 'nôl ar y *booze,* colli pob peth a byw yn y *bus stop.* 'Swn i wir yn licio mynd â hi reit lawr i'r gwaelod!

Mark Flanagan (Jinx) ar Bethan

'Swn i'n deud mai Bethan Ellis Owen ydy un o'r actorion gorau, os nad yr actor gorau, yma. Ma gynnon ni'n bendant gysylltiad, a 'dan ni'n tynnu mlaen yn dda iawn, 'dan ni'n ffrindia da iawn, a dwi'n meddwl bod hynna'n dod drosodd ar y sgrîn. Ma Bethan yn licio mynd dros ei leins, ma hi'n mynnu mynd drwyddyn nhw drosodd a throsodd a throsodd, sy'n help mawr, a dwi'n meddwl 'mod i 'di ca'l y ddisgyblaeth honno ganddi hi.

Annes Wyn (Cynhyrchydd Stori) ar Ffion

Fy hoff atgof i o wylio'r gyfres oedd pennod Nadolig 2012 – Ffion a Jinx yn mynd i'r gogledd i weld teulu Ffion, a Jinx yn darganfod eu bod yn gefnder a chyfnither!

Nest Gwenllian Roberts (Cynhyrchydd Sgriptiau) ar Ffion

Fy hoff gymeriad i ydy Ffion. Mae'n gymeriad hollol afresymol ond yn medru ffendio rhesymeg dros bob dim mae hi'n ei wneud, dwi byth yn siŵr be wnaiff hi nesa.

Lisa Victoria (Sheryl) ar Bethan

Wy'n dwlu gwitho 'da Bethan Ellis Owen achos ma hi'n actores *brilliant.* O'dd stori'r alcoholiaeth mor bwerus, nag o'n i'n deall pam chafodd hi ddim 'i henwebu am BAFTA. O'dd hi'n anhygoel o dda.

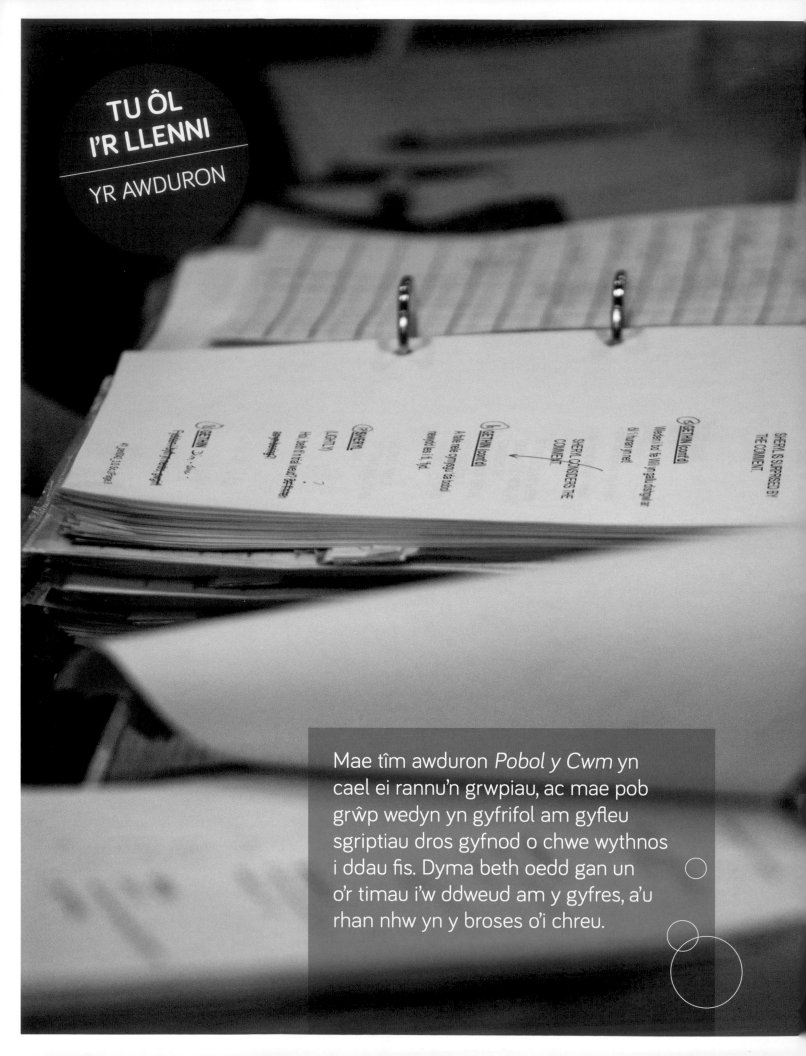

Mae tîm awduron *Pobol y Cwm* yn cael ei rannu'n grwpiau, ac mae pob grŵp wedyn yn gyfrifol am gyfleu sgriptiau dros gyfnod o chwe wythnos i ddau fis. Dyma beth oedd gan un o'r timau i'w ddweud am y gyfres, a'u rhan nhw yn y broses o'i chreu.

William Gwyn

Rydan ni'n cael perchnogaeth ar y cymeriadau dros dro. Ti'n dod â syniad at y bwrdd weithiau, ac mae hwnnw'n gweithio, ond pan fydd pobl eraill sy'n rhan o'r tîm yn ei ddatblygu o, ti'n gorfod gadael iddo tyfu, a gweld be maen nhw'n ei wneud efo fo. Mae gweld egin syniad gest ti'n gweithio'n dda ar y sgrin yn bleser pur, ac rwyt ti'n gwybod mai'r tîm sy'n gyfrifol am hynna, ddim jest ti.

Dwn i ddim faint o weithiau dwi 'di eistedd rownd y bwrdd a dadla, 'Fydda'r cymeriad yma ddim yn deud hwnna,' neu, 'Fysa'r cymeriad yma yn 'i neud o fel hyn,' a ma hwnna'r rhan o'r broses, a deud y gwir. Ma 'na lot o drafod ar y math o beth fydda cymeriad yn neud, a be fydda'n digwydd.

Mari George

Rwyt i'n gallu dipo mewn a mas o sebon, nid fel cyfres ddrama, lle mae'n rhaid gwylio pob pennod er mwyn i bopeth wneud sens. Ma pobl yn lico'r ffaith eu bod nhw'n gallu byta'u bwyd o flaen *Pobol y Cwm* un noson, a falle peidio'i gwylio'r noson wedyn, yna dod 'nôl ati rywbryd 'to. Fel awduron, mae'n neis bod y cymeriadau yna ar ein cyfer ni. Gyda nofel, mae'n rhaid i ti greu popeth. Ry'n ni'n teimlo'n bod ni'n nabod ein cymeriadau'n dda.

Ges i'n magu i wylio'r gyfres, byth ers wy'n cofio, a bod yn onest. 'Nath hi ddechre flwyddyn cyn i fi gael fy ngeni, felly sai'n cofio bywyd heb *Pobol y Cwm!*

Anna-Lisa Jenaer

Mae bod yn rhan o dîm sydd yn creu rhywbeth efo'i gilydd, ac wedyn gweld be dach chi 'di 'i greu ar y sgrin yn wirioneddol gyffrous, dwi'n meddwl. Mae'r gyfres yn adlewyrchu bywydau pobl, ac mae'n siarad efo nhw. Weithie, maen nhw'n gallu gweld eu profiadau eu hunain ynddi, a dro arall, fe welan nhw brofiadau sy'n hollol ddieithr iddyn nhw.

Yn y dechrau, roedd hi'n un o'r rhaglenni prin oedd yn Gymraeg, wedyn roeddan ni'n gwylio oherwydd hynny, ac o'n i'n licio'r cymeriadau digri, fel Rachel Thomas yn chwarae Bella, a Gillian Elisa yn chwarae Sabrina. Roedd y gyfres yn sicr yn rhan bwysig o'n gwylio ni fel teulu.

Siôn Eirian

Cynhyrchydd y gyfres, y cynhyrchydd stori a'r golygydd sy'n penderfynu ar ffawd hirdymor pob cymeriad. S'da ni ddim hawl fan hyn i weud bydd cymeriad yn diflannu o'r gyfres mewn chwe mis, neu bydd rhywun yn priodi, neu'n marw. Mae'r pethe mawr, mawr yn cael eu rhoi i ni, ac wedyn ni sy'n gyfrifol am lenwi wyth wythnos o'u bywydau nhw, o fewn rhai canllawiau. Ma 'na rai pobl yn gofyn i ni beth sy'n mynd i ddigwydd i bechingalw, neu pam nag yw hi a fe'n gallu dod at ei gilydd, a s'da ni ddim ateb, achos dy'n ni ddim yn gallu neud penderfyniadau fel 'na. Ma pobl yn meddwl bod mwy o bŵer 'da'r awduron i lywio bywydau'r cymeriadau ar y sgrin na sy 'da ni mewn gwirionedd.

Dwi'n meddwl bo ni yng Nghymru yn lwcus iawn fod *Pobol y Cwm* o'r safon mae hi. A hyd yn oed pan dwi'n teimlo y gellid gwella o ran straeon, dwi'n teimlo bod bron popeth arall am y gyfres 'ma ar lefel sy gystal â lot o'r operâu sebon Saesneg, a weithie dy'n ni ddim yn sylweddoli pa mor lwcus ydyn ni.

Anwen Huws

Dwyflwydd oed o'n i pan ddechreuodd y gyfres. Roedd Mam yn gneud yn siŵr ein bod ni'n ei gwylio, ond *Pobol Cil-y-cwm* o'n ni'n ei galw hi, achos roedd Nain a Taid yn dod o Gil-y-cwm! Y cyfnod dwi'n ei gofio orau oedd cyfnod Gina, Llew a Meira.

Ma 'na ddau beth sy'n dal i fod yn bwysig iawn am *Pobol y Cwm*, sef y parhad a'r diddanu. Efallai mai'r diddanu sydd bwysicaf, achos dyna sy'n gwneud y gyfres yn berthnasol ac yn gyfoes. Ac mae'n rhaid i ni fel awduron gofio hwnna bob dydd, achos dyna fydd yn cadw'r gwylwyr efo ni ac yn sicrhau bod 'na barhad.

Dathliadau'r Cwm

Ydych chi'n cofio'r rhain?

Pen-blwydd 21 *Pobol y Cwm* yn 1995

Pen-blwydd y gyfres yn 20 oed yn 1994
(uchod ac isod)

Dathlu 30 *Pobol y Cwm* yn 2004

Diod yn y Deri yn 1990

Trigolion y pentre'n mwynhau priodas Sheryl a Darren yn 2003

Llun blynyddol y cast yn 2006

Dai 'Sgaffalde' Ashurst

(Emyr Wyn)

Adeiladwr a sgaffaldiwr oedd Dai Ashurst yn ystod ei arhosiad cyntaf yn y Cwm rhwng 1978 ac 1983. Mae'n frawd mawr i Dic Deryn, a bu'r ddau'n canlyn dwy ferch y Cynghorydd Gwyther, Sandra a Carol. Arhosodd Dic yn y pentref i sefydlu cwmni Deryn Skips tra oedd e a Carol yn caru, a gadawodd Dai Gwmderi gyda Sandra.

Bu'n teithio'r byd ac yn byw yn Sbaen cyn glanio 'nôl yn yr ardal yn 2001 yn landlord ar y Bull yn Llanarthur. Bu'n rhaid gwerthu'r dafarn yn dilyn ffrae gyda Gwyneth Jones, pan fynnodd hi iawndal am anaf i'w thad roedd Dai'n gyfrifol amdano. Roedd yn ŵr gweddw yn dilyn marwolaeth ei wraig, Alys, ac fe glosiodd e a Sabrina. Fe briodon nhw'n fuan wedi hynny, ond chwalwyd eu perthynas pan gafodd Dai affêr gyda Diane.

Sefydlodd Dai a Diane gwmni adeiladu a glanhau ABD gyda Brandon Monk, ac ar ôl i Brandon farw yn y tân yn ei fflat, gwerthwyd ei siâr i'r dyn busnes Jim Probert. Er bod pethau'n danllyd rhwng Dai a Jim weithiau, mae APD yn gwmni digon llewyrchus ar hyn o bryd.

Ers iddyn nhw briodi, mae Dai a Diane yn byw'n weddol gytûn ym Mryntirion, er bod rhywbeth yn corddi'r dyfroedd byth a hefyd. Mae Dai'n aelod brwdfrydig o bwyllgor y clwb rygbi ac mae'n ddyn traddodiadol iawn, ond caiff Diane y gorau arno'n gyson. Serch hynny, cafodd hi ei brifo i'r byw pan ddaliodd hi Dai a Shirley'n cusanu ar y soffa adeg y Nadolig 2013. Arweiniodd straen y sefyllfa at broblemau iechyd y galon i Dai, a digon simsan fu hapusrwydd yr aelwyd ers hynny. Creodd DJ, nai Dai, densiwn pellach rhwng y ddau pan laniodd yntau ar stepen eu drws. Er gwaethaf eu problemau, mae Dai a Diane yn dal gyda'i gilydd, ond a fydd ymddygiad Dai yn bygwth eu perthynas unwaith eto?

Emyr: Wy'n gweld Dai yn neud y pethe rong am y rhesyme iawn yn aml, ac yn neud y pethe iawn am y rhesyme rong. Yn wleidyddol, un blaid sy'n bwysig iddo, a phlaid Dai Ashurst yw honno – beth bynnag sy'n bwysig iddo fe. Mae e fel y gwynt i radde, eiff e o'r dwyrain i'r gorllewin fel 'na, yn ôl be sy'n ei siwto fe ar y pryd.

Cefndir Emyr

Ganed Emyr Wyn Evans yng Nghaerfyrddin a chafodd ei fagu yng Nghwm Gwendraeth, yn y Tymbl a'r Hendy. Cafodd ei addysg yn Ysgol Ramadeg y Bechgyn, Llanelli, ac astudiodd am radd mewn Gwleidyddiaeth a Hanes ym Mhrifysgol Cymru, Aberystwyth, cyn dilyn cwrs ymarfer dysgu. Tra oedd yn fyfyriwr, daeth yn un o aelodau gwreiddiol y grŵp gwerin Mynediad am Ddim. Mae *Pobol y Cwm* a'r band yn dathlu'r deugain eleni, ac mae Emyr Wyn ei hun yn dathlu hanner can mlynedd yn y byd adloniant yng Nghymru. Arwyddodd ei gytundeb cyntaf gyda'r BBC yn 1964, a chafodd dâl o ddeg gini am ei waith fel canwr soprano. Bu'n perfformio'n helaeth ar hyd a lled Cymru pan oedd yn blentyn – ar raglenni adloniant, mewn nosweithiau llawen ac yn Eisteddfod yr Urdd a'r Eisteddfod Genedlaethol. Pan adawodd y coleg, aeth i weithio gyda'r Urdd, a thra oedd yn drefnydd yn Sir Aberteifi, derbyniodd wahoddiad gan Dyfed Glyn Jones i fynd i weithio gyda'r BBC. Bu'n cyflwyno rhaglenni plant fel *Bilidowcar* a chyfres *Yr Awr Fawr* cyn symud i adran adloniant ysgafn HTV, a chreu argraff mewn cyfresi poblogaidd dros gyfnod hir, yn cynnwys rhaglenni Caryl Parry Jones, *Fflat Huw Puw*, *Pelydr X* a *Teulu'r Mans*. Bu'n actio mewn ffilmiau yn ogystal, fel *Gaucho*, *Y Dyn 'Nath Ddwyn y 'Dolig* ac *Ibiza Ibiza*, a dramâu teledu fel *Dinas*, *Y Palmant Aur* a *Tair Chwaer*.

Emyr Wyn ar *Pobol y Cwm*

O'n i'n gyfarwydd â *Pobol y Cwm* cyn ymuno â'r gyfres, ac o'n i' nabod rhai o'r actorion, fel (Dewi) Pws, o'dd yn ffrind i fi. Ar y cyfan, o'dd y cast yn edrych yn hen i fi ar y pryd, er bydden i'n dweud nawr nag o'n nhw'n hen o gwbl. O'n nhw'n cael eu heneiddio ar gyfer y sgrin hefyd, a'r person hyna yng nghartre'r hen bobl o'dd y Metron. O'dd Dilys Davies yn hŷn na phob un o'r bobl o dan ei gofal! Felly o'dd hwnna'n reit ddoniol, ac o'dd wig Islwyn (Morris, David Tushingham) wastod yn rhywbeth o't ti'n wherthin amdano, ac a'th e trwy lot o wigs hefyd.

Ma chwarae cymeriad ar *Pobol y Cwm* fel byw mewn bydysawd cyfochrog. O'dd y plant wastad yn arfer gofyn i fi pan o'n i'n cyrraedd adre, 'Pwy sy'n cerdded mewn trwy'r drws, Dai neu Dad?'

'Wy wedi bod ynghlwm â *Pobol y Cwm* ers tri deg pum mlynedd. Mae'n gyfnod hir iawn, iawn, ac mae'n sleis enfawr o 'mywyd i.

Emyr ar Dai

Y'n ni fel actorion yn meddwl ein bod ni'n nabod y cymeriadau'n well na neb, a falle bo ni. Ond nid ni sy'n berchen ar y cymeriad 'na. Mae'n eiddo i bawb sy'n ymwneud â'r gyfres, o'r person 'nath greu'r cymeriad yn y lle cynta i'r person sy'n llunio'r *storyline*, i'r person sy'n sgwennu'r sgript, i'r golygydd, y cynhyrchydd a'r cyfarwyddwr. Ma 'na ddarne bach ohonon ni sy'n perthyn i bawb, a siwrne ma rhywun yn anghofio 'ny – ac ma ambell actor yn anghofio – ma'n nhw'n meddwl bo nhw'n perchnogi'r cymeriad yn llwyr. Wel, 'yt ti'n mynd yn *precious* wedyn, a 'na le ma probleme'n dechre. Siwrne bydda i'n cyrredd y pwynt 'ny, sa i'n credu bydden i'n gallu gwitho fel Dai. Wy'n credu bydde'n rhaid i fi adael.

Ma hanes teulu'r Ashursts ychydig bach yn niwlog! Wy'n gweud leins fel, 'O'dd Dad-cu yn fachan ar y môr.' O'dd e? Ocê, af i 'da hwnna. Ond y ffordd ges i 'nghyflwyno i'r cymeriad pan ddes i mewn ar ddiwedd y saithdege o'dd fod y teulu 'di dod lawr ar ddiwedd y pumdege, dechre'r chwedege, o ardal Durham. O'dd pylle glo'n cau lan yn Durham, ac o'dd teuluoedd yn dod i ardaloedd fel Pontyberem a'r Tymbl i weithio dan ddaear. A wy'n cofio rhai plant pan o'n i yn Ysgol Tymbl yn Durhamites. 'Na beth o'n nhw'n cael eu galw. A bydde'r rheiny'n siarad Cymraeg o fewn dou neu dri mis – o'dd rhaid iddyn nhw. Do'dd neb yn siarad Saesneg yn yr ysgol 'nôl yn y pumdege, nag oedd e?

Hoff atgof

Ma llun o Dai yn yr ystafell werdd, sha 1979, pan fuodd e'n chware rygbi gyda Grav. O'dd Cwmderi'n chware yn erbyn Llanarthur mewn rhyw *local derby*. Ac mi o'dd Ray Gravell yn chware i Gwmderi, a Delme Thomas yn chware i Lanarthur. Delme Thomas: Cymru, y Llewod, y *line-out jumper* gorau fuodd erio'd yn hanes y gêm yng Nghymru. Eiconic! Fe o'dd capten Llanelli yn erbyn yr All Blacks, y Llewod yn Ne Affrica … O'dd e yn y tîm arall, a Dic a Dai yn chware yn y *front row* ac yn yr ail reng i Gwmderi. Allan Cook o'dd yn cyfarwyddo, a John Waldron yn rhedeg y llawr. Ac o'n ni lan yng nghlwb rygbi Taffs Well. Pryd 'ny, os o't ti'n neud OB, o'dd cannodd o bobl a llwyth o gameras, *scanners*, colur, gwisgoedd a phob dim. A 'na le ro'dd Dic a Dai a Delme, ac o'dd y bêl yn ca'l 'i thwlu mewn i'r llinell. A 'ma'r cyfarwyddyd yn dod wrth wrth Allan Cook drwy John Waldron, a wedodd e, 'Right, OK, OK, Emyr?' 'Ie?' 'Let Delme win the ball.' Wy'n sôn nawr am yr ail reng orau fuodd yn hanes rygbi Cymru, yn jwmpo yn erbyn Dic a Dai, a'r cyfarwyddwr yn gweud, 'Tell Emyr to let Delme win the ball.' O'dd pawb yn gweld y jôc fan hyn, ar wahân i'r cyfarwyddwr a Waldron. Ac o'dd tamed bach o atal dweud ar Delme, a wedodd e, 'W-w-w-wel, dria i 'ngore, bois!' 'Wy wedi bod yn byw ar y stori 'na oddi ar 'ny.

Gaynor Llywelyn
(Sharon Roberts)

Cefndir Sharon

Ganed Sharon Roberts yn Llanrwst, ond symudodd y teulu i Ddeganwy ac yna i Fae Penrhyn. Cafodd radd mewn Saesneg a Drama ym Mhrifysgol Middlesex cyn dilyn cwrs dwys am flwyddyn yn y Drama Studio, Ealing. Ar ôl cyfnod o weithio yn y theatr yn Llundain, dychwelodd i Gymru i chwarae rhan ym mhennod gyntaf *Noson yr Heliwr / A Mind To Kill*, ac yna yn *Glanhafren, Halen yn y Gwaed, Xtra*, a'r ffilm *Mela* gyda Lisabeth Miles. Cyfarfu â'i phartner Arwel Davies, sy'n chwarae Eifion, tra oedden nhw'n chwarae brawd a chwaer mewn cynhyrchiad gan y Spectacle Theatre. Mae hi hefyd yn perthyn o bell i Sera Cracroft, sy'n chwarae rhan Eileen – roedd nain Sharon a mam Sera'n ddwy gyfnither.

Daeth Gaynor i Gwmderi yn 2008 fel prifathrawes newydd Ysgol y Mynach. Ond buan iawn y datgelwyd bod Superwoman y Cwm yn cuddio cyfrinach fawr – roedd hi'n byw mewn tlodi gyda'i dwy ferch, Izzy a Lois, ers i'w chyn-ŵr, Colin, ddiflannu a'u gadael mewn strach ariannol. Gweithiodd Gaynor yn galed i ad-dalu dyledion Colin, a llwyddo i brynu Llwyncelyn a sefydlu cartref clyd i'w phlant. Mi wnaiff hi unrhyw beth i fod o gymorth i Izzy a Lois. Dangosodd Gaynor gryn gadernid wrth groesawu Colin 'nôl i'w bywydau pan laniodd ar stepen eu drws. Does gan Gaynor fawr o amynedd â'i chyn-ŵr, ond pan fydd rhywbeth mawr o'i le, troi at Colin a wnaiff yn amlach na pheidio – mae e'n ei hadnabod hi'n well na neb.

Canolbwyntiodd Gaynor ar ei gyrfa yn dilyn siom ei phriodas gyntaf, ac mi gymerodd sbel iddi ymddiried yn unrhyw un arall. Cafodd ychydig o hwyl gyda Cai, ac er i Ffion, ei dirprwy, brofi'n ddraenen yn ei hystlys, fe briododd Gaynor â Hywel Llywelyn yn 2012.

Mae Gaynor yn bell o fod yn berffaith, ac ymatebodd yn wael pan gafodd Izzy ei threisio gan Macs White. Cafodd ffling anaddas â Macs cyn priodi Hywel. Yna, ar ôl darganfod ei bod hi'n disgwyl babi gyda Hywel, dewisodd gael erthyliad, yn groes i'w ddymuniad e. Roedd yn benderfyniad a achosodd dipyn o boen meddwl iddi yn nes ymlaen pan feichiogodd Lois â babi Rhys, mab Hywel. Ei gobaith mwya ar y pryd oedd y byddai Hywel a hithau'n cael mabwysiadu'r babi, Gwen, ond bu'n rhaid derbyn dewis Lois i'w rhoi i'w mabwysiadu gan deulu arall yn y pen draw.

Wedi dwy flynedd gyntaf gythryblus tu hwnt, mae Hywel a Gaynor wedi sefydlu eu hunain fel pâr priod digon dedwydd. Ac wrth gael seibiant o'i rôl yn yr ysgol, cafodd ymlacio am y tro cyntaf ers amser maith, a chyfle i archwilio i weld a oes 'na fwy i Gaynor na bod yn brifathrawes y Cwm.

Sharon ar Gaynor

Dydy Gaynor ddim yn snob. Fedrith hi ddim bod, achos roedd ei bywyd cynnar yn eitha anodd, ac ma hi'n gwbod beth ydy bod heb ddim. Dwi'n meddwl ei bod hi'r math o berson sy'n parchu unrhyw un sy'n gwneud ei job yn dda. Ond tydy hi ddim yn gallu diodde diogi a phobl sy'n twyllo, a dyna'r union bethe sy'n ei gwylltio hi am Colin. Ond ma hi 'di gneud camgymeriadau hefyd, efo Macs, a'r ffordd ddeliodd hi efo Izzy a Lois, felly allith hi ddim edrych i lawr ei thrwyn ar neb, achos mae ei theulu ei hun yn amherffaith.

Sharon ar Hywel a Gaynor

Mae Mam yn meddwl bod Hywel yn gorfod rhoi i fyny efo lot gan Gaynor. Be ddudodd hi unwaith? 'Oh, I'd have kicked her into touch a long time ago!' Tydy hi ddim yn fy ngweld i o gwbl. Mae hi'n gweld rhywun caled, a tydy hi'm yn licio dillad Gaynor o gwbl – ma hi'n meddwl ei bod hi'n edrych yn hyll ac yn *frumpy!*

Dwi'n meddwl eu bod nhw'n dallt ei gilydd a bod eu perthynas yn un aeddfed, er mai syrthio mewn cariad ar ôl iddyn nhw briodi wnaethon nhw, mewn ffordd. Maen nhw 'di gweithio trwy lot o bethe, a rŵan dwi'n meddwl eu bod nhw 'di dod at bwynt lle mae'r ddau'n meddwl, o, ma hyn yn ocê. A bob hyn a hyn, 'dan ni'n mynd 'bach yn *frisky*, sy'n reit neis, achos mae'n hawdd anghofio, er eu bo nhw'n ganol oed, mai'n gymharol ddiweddar briodon nhw.

Sharon: Dwi'n hoff iawn o Gaynor, achos dwi'n meddwl ei bod hi'n driw ac yn ddi-flewyn ar dafod, yn rhy onest, os rhywbeth. Mae gen i lot o barch tuag ati – mae'n rêl *tough cookie* – ond yn fy mywyd go iawn dwi'n llawer mwy coman na hi, yn yr ystyr 'mod i'n fwy cyffredin, nid nad oes gen i egwyddorion!

Dani Thomas
(Elin Harries)

Cyflwynwyd Dani Thomas i Gwmderi fel blonden hy o Lanelli yn 2007, tra oedd yn cyflawni dedfryd o wasanaeth cymunedol gyda Kath Jones. Daeth i fyw ym Maes y Deri, a phriodi Mark er mwyn ennill cystadleuaeth mewn cylchgrawn.

Bu Dani'n gysylltiedig â sawl sgam arall, a chynllwynio â Mark a Garry Monk, ond aeth i drafferth go iawn pan gafodd ei herwgipio. Daeth Brandon i'w hachub, a blagurodd cariad rhwng y ddau – fe fuon nhw'n byw gyda'i gilydd yn fflat y Sosban Chips. Er bod tipyn o wahaniaeth rhyngddyn nhw o ran oedran, a Brandi'r ci'n bla dan draed, rhoddodd Brandon sylfaen gadarn i fywyd Dani am y tro cyntaf erioed. Gyda'i gefnogaeth e, cafodd waith yn ABD cyn sefydlu ei busnes harddwch ei hun yn salon Sheryl.

Ond ar ôl iddyn nhw ffraeo yn ystod ymweliad y criw â Newcastle, disgynnodd Dani i freichiau Garry, ei frawd, ac er i Brandon faddau iddi, bu'n achos loes mawr i'r ddau. Yn fuan ar ôl hynny, yn 2011, bu farw Brandon mewn tân yn y fflat wrth geisio achub ei ddyweddi. Bu Dani'n galaru'n hir amdano, gan deimlo'r euogrwydd i'r byw.

Ers i Gethin, ei brawd hŷn, ddychwelyd o Lundain i'w chefnogi yn ei galar, datgelwyd cymhlethdod eu cefndir teuluol. Oherwydd nad oedd Dani wedi'i weld ers pan oedd hi'n ferch fach, yn raddol bach y daeth i ymddiried yn Gethin. Ond pan laniodd Moc, eu tad, ar stepen y drws, cyhuddodd Gethin ef o'i gam-drin pan oedd yn blentyn. Doedd gan Dani ddim syniad pwy i'w gredu, a chafodd ei brawychu pan ddatgelwyd mai Gethin oedd yn dweud y gwir.

Yn gwbl annisgwyl, daeth Garry i'r adwy, a bu'n gysur mawr i Dani. Cyfnewidiodd y ddau fodrwyau i brofi eu hymrwymiad i'w gilydd, a symudodd Dani i mewn i fflat Garry. Pan ddatgelwyd mai Gwyneth oedd yn gyfrifol am farwolaeth Brandon, roedd yn sioc enfawr, a chodwyd sawl crachen o orffennol Dani a Garry. Ond wrth gau pennod bwysig ym mywydau'r ddau, agorwyd pennod newydd pan ddaeth Gwern i fyw atyn nhw. Sigwyd seiliau eu perthynas gan benderfyniad mawr Dani tra oedd hi'n disgwyl efeilliaid. Collodd un babi, a dewis erthylu'r llall – doedd hi ddim yn barod i fod yn fam eto. Cafodd ei synnu gan ymateb Garry, ac mae priodas ar y gorwel – ond am ba hyd y gall eu dedwyddwch barhau?

Elin: Wy'n dwlu ar Dani – wy'n meddwl y byd ohoni. Bydden i'n hoffi ca'l yr hyder sy 'da 'ddi i weud be mae moyn 'i weud. So 'ddi'n becso. Ond mae'n 'i neud e mewn ffordd mor annwyl a naturiol, ma hi'n gweud y gwir yn onest, ac mae'n ca'l get-awê 'da fe 'fyd! Mae'n gymeriad sy'n neud i bobl feddwl: o, 'co 'ddi off 'to, ond pan ma hi'n gweud rhywbeth call, ma pobl yn gwrando.

Cefndir Elin

Un o Frynaman yn wreiddiol yw Elin Harries, ond symudodd i Rydaman pan oedd yn blentyn. Rhoddodd ei bryd ar berfformio o oedran ifanc iawn, a derbyn hyfforddiant cynnar yn ysgolion theatr Stagecoach a Mark Jermin, yn ogystal ag Ysgol Gyfun Maes yr Yrfa. Chwaraeodd ran yn y rhaglen blant *Meicroscop Hud* ar S4C cyn dechrau actio Dani yn *Pobol y Cwm*.

Geraint Todd (Ed) ar Elin

Mae'n anhygoel faint mae Elin yn ei greu *off-script*, ac mae gwylio pobl fel 'na'n gweithio'n wych. 'Na'r math o ymroddiad mae aelodau'r cast yn ei roi, ddim jyst gweud be sydd ar y dudalen.

Elin ar ei dyddiau cyntaf

Wy'n cofio 'ngolygfa gynta'n glir. O'n i'n ishte ar fedd mewn mynwent yn paentio ewinedd fy nhraed, yn gwisgo rhyw sandals *hideous*! O'dd e jyst mor *bizarre*! Da'th hi i mewn fel rhyw *ruffian* bach hoffus, ac o'dd 'na lot o wahanol lefelau iddi. A wy'n credu taw dyna be mae pobl yn lico amdani. Dyw hi ddim wastod yn gas, na wastad yn sofft, ond mae'n gallu bod weithie. 'Na fel wy'n 'i gweld hi, ta beth.

Ar Dani

O'n nhw'n chwilio am rywun â gwallt *blonde*, a gwallt brown o'dd 'da fi ar y pryd, felly cyn i fi fynd am y clyweliad, liwies i 'ngwallt yn olau. O'n nhw'n chwilio am rywun fel Nikki o *Big Brother*, rhywun *mental*, y math 'na o gymeriad!

Mae hi'n gallu bod 'bach yn *dippy*, ac ma pawb yn lico 'bach o wherthin a joio, ond mae hi'n gallu bod yn ddifrifol ac mae'n annibynnol iawn – mae hi 'di gorffod bod trwy'i bywyd. Do'dd 'i mam ddim yn dishgwl ar ei hôl hi, a Dani o'dd wastad yn edrych ar ôl ei brodyr a'i chwiorydd. Do'dd dim tad 'na i roi unrhyw fath o sefydlogrwydd iddi, ond sai'n credu bydde hi wedi gadel i unrhyw un weud wrthi beth i neud, hyd yn oed os bydde 'na.

Ar farwolaeth Brandon

Am y tro cynta yn ei bywyd 'nath hi roi ei ffydd yn llwyr yn rhywun arall, a phrofi ei bod yn gallu bod yn hapus. Y peth gwaetha o'dd peidio gwbod pwy laddodd Brandon am hydoedd, achos do'dd hi ddim yn gallu rhoi'r peth tu ôl iddi. Pan 'nath hi ffeindio mas taw Gwyneth o'dd wedi cynnau'r tân, o'dd e'n beth enfawr iddi ddelio 'da fe, ond o leia o'dd hi'n gallu cau'r bennod 'na yn 'i bywyd o'r diwedd.

Ar benderfyniad Dani i gael erthyliad

Mae Dani isie teulu. Wy'n credu'i bod hi eisie rhywbeth dyw hi erioed 'di ca'l o'r blaen, ac mae hi isie'i neud e'n iawn. Ond perthynas gymharol newydd sy 'da hi a Garry, a do'dd hi ddim yn barod eto. Ma pobl yn mynd trwy sefyllfaoedd fel 'na bob dydd, a wy'n credu bod Dani'n gryf iawn i wneud beth 'nath hi. Wy'n credu bod lot o sefyllfaoedd lle mae merched yn cael eu bwlian i gadw babi, achos falle bydde pobl yn siarad neu beth bynnag. Fuodd hi'n gryf, ac os y'ch chi'n mynd trwy rywbeth fel 'na, wy'n meddwl bod angen cefnogaeth ar bob menyw, a pheidio bod ofn eich penderfyniad o gwbl.

Props hanfodol Dani
*Eyeliner, lipstic –
a'r eternity ring!*

Ar berthynas Dani a Garry

Unwaith mae Dani'n penderfynu beth yw'r peth iawn iddi ei wneud, dyna'n gwmws beth mae hi'n mynd i'w wneud. A wy'n credu bod Garry'n edmygu hynny ynddi, a'r ffaith ei fod e'n methu'i rheoli hi, achos mae e'n gwmws yr un math o gymeriad o dan y cytân. A dyna pam ma'u perthynas nhw mor gryf, wy'n credu.

Golygfa gofiadwy

Ar ôl i Brandon farw, wy'n cofio ishte o dan y cownter yn ABD, a da'th Victoria Plucknett (Diane) i mewn. O'n i'n gwisgo cardigan Brandon, ac yn gweud bod fi'n dal i allu'i wynto fe, ac o'n i wir dan deimlad. O'dd gwneud yr olygfa 'na, a gweithio gyda Vicky, sy'n rhywun wy'n gwitho'n arbennig o dda 'da hi, yn gofiadwy iawn.

Pa mor dehyg yw Elin a Dani?

Sai'n credu bo ni'n debyg o gwbl. Er, y'n ni'n dwy'n lico siarad lot!

Marged Parry (Golygydd Stori) ar Dani
Rwy'n hoff o Dani oherwydd, er bod hi'n ymddangos yn reit arwynebol, mae hi'n glyfar iawn ac yn fenyw gryf. Mae llawer o haenau i'w phersonoliaeth, sy'n ei gwneud yn gymeriad diddorol iawn i storïo ar ei chyfer.

Alys Haf (Cydlynydd yr Adran Gelf) ar Dani
Fy hoff gymeriad yw Dani. Mae hi'n gymeriad bywiog a doniol, ac mae hi'n dod ag elfen o gomedi i'r cynhyrchiad.

Siân Elen John (Cyfarwyddwr Cynorthwyol) ar Dani
Fy hoff gymeriad yw Dani gan ei bod hi mor naturiol.

DJ

(Carwyn Glyn)

Cyrhaeddodd DJ Gwmderi yn y ffordd fwyaf dramatig posibl pan drawodd Eileen â'i gar wrth iddo yrru ar hyd y stryd fawr. Achosodd gynnwrf pellach pan glywodd y pentrefwyr pwy yn union oedd e – mab Dic Deryn, brawd Dai 'Sgaffalde' Ashurst. Doedd Dai ddim yn bles o weld DJ, ond cafodd groeso cynnes gan Diane i Fryntirion. Datgelwyd bod DJ wedi ffoi i Gwmderi o Iwerddon ar ôl iddo gael crasfa go iawn gan ei dad am gysgu gyda gwraig un o gyfeillion pennaf Dic.

Profodd yn eithaf buan ei fod yn fab i'w dad drwy ddechrau clatsio yn y Deri – cafodd ei wahardd gan Ed nes iddo greu argraff dda fel cogydd. Ac mae e eisoes wedi cynhyrfu'r dyfroedd gyda menywod hŷn y Cwm – ar ôl fflyrtio gyda Diane, trodd ei sylw at Anita, a chael gwell llwyddiant gyda hi.

Roedd Dai'n benderfynol o gael gwared ar ei nai nes i'r Gwyddel y cysgodd DJ â'i wraig ddod i chwilio amdano – wedi'r cyfan, mae gwaed yn dewach na dŵr. Mae DJ wedi callio am y tro. Mae wedi ymaelodi â'r clwb rygbi ac wedi dod yn ffrindiau da gyda Iolo ac Ed. Ond amser a ddengys pryd yn union y daw'r deryn ynddo yn ei ôl – a phwy yn union yw ei fam? Un peth sy'n sicr, does dim heddwch i'w gael 'da DJ.

Carwyn ar DJ

Ma'r cymeriad 'di ca'l neud lot ers iddo gyrraedd y pentre. Ma fe'n nai i Dai, a ma hwnna'n grêt, achos o'n i'n nabod Ems (Emyr Wyn) cyn i fi ddod 'ma. O'dd hwnna'n help mowr i fi pan ddechreues i 'fyd, achos o'n i'n twmlo 'bach o bwyse nes bo fi'n ca'l yr olygfa gynta mas o'r ffordd. Wy'n itha cyfarwdd â gwitho'n glou, o'dd hwnna ddim yn poeni fi gyment. Ond o'n i'n gwbod bod 'na ryw fath o ddisgwyliade arna i, gan bo nhw moyn i fi whare'r cymeriad hyn. A dwi'n meddwl mai hwnna o'dd y pwyse o'n i'n twmlo.

Wel, ma fe 'di mynd o un peth i'r llall – o fwrw Eileen lawr, i ga'l 'bach o foment 'da Diane, a wedyn jwmpo mewn i'r gwely 'da Anita! Mae'n lico menwod hŷn, ond wy'n credu bod e'n dechre dod yn nes at 'i oedran ei hunan nawr! Bydd e rownd y pentre'n tico'r bocsys! Mae'n anodd gwbod be bydd nesa.

Wy'n credu bydde Diane yn lico i Dai fod yn debycach i DJ. Ma fe'n sensitif iawn, a ma hwnna jyst yn rhan o'i gymeriad e. Ond ma fe'n debyg i Dai mewn rhai ffyrdd, hefyd.

Cefndir Carwyn

O Bont-iets yng Nghwm Gwendraeth y daw Carwyn Glyn. Aeth i Ysgol Gyfun Maes yr Yrfa a bu'n aelod o Theatr Ieuenctid Cymru tra oedd yn astudio yng Ngholeg y Drindod, Caerfyrddin. Cafodd hyfforddiant fel perfformiwr yn Academi Mountview yn Llundain. Ar ôl cyfnod o deithio gyda'r theatr yn yr Eidal, enillodd ei rôl deledu gyntaf yn *Alys* ar S4C. Dychwelodd i fyd y theatr yn Llundain a Chymru, a gweithio gyda Theatr na nÓg, Cwmni Mega a Clwyd Theatr Cymru. Bu'n lleisio cartwnau gyda chwmni Atsain, a chafodd rannau yn y cyfresi teledu *The Indian Doctor* ar BBC1, *Y Syrcas* a *Zanzibar* ar S4C, yn ogystal â'r cynhyrchiad dwyieithog *Under Milk Wood / Dan y Wenallt* i gyd-fynd â chanmlwyddiant geni Dylan Thomas.

Pwy a ŵyr pwy yw ei fam e! Walle nage Gwyddeles yw hi! Walle'i bod hi o'r Cwm! Ond ar wahân i 'ny, wy'n ddigon hapus 'da ta beth ma'n nhw moyn twlu ato i – dria i unrhyw beth.

Rhiannon Rees (Cyfarwyddwr) ar Carwyn

Gwrddes i â Carwyn gynta pan oedd e'n ugain oed, ac fe ges i ryw deimlad ar y pryd y bydde fe'n canolbwyntio ar fod yn actor cymeriad. Felly, pan dda'th e mewn i *Pobol y Cwm*, o'dd hi'n hyfryd ei weld e. Yr un ragoriaeth sy'n perthyn iddo nawr ag o'dd yn perthyn iddo pan oedd e'n ifanc, a dweud y gwir, sef fod 'na ryw gynhesrwydd cynhenid ynddo. Mae dod i mewn i opera sebon yn beth anferthol i actor ifanc, ond mae Carwyn wedi dod i ben â gweithio'n glou a chadw'r cynhesrwydd 'na o hyd.

Carwyn: Ma fe'n fab i Dic Deryn, a ma'r ddou yn itha tebyg i'w gilydd. O gofio siwd un o'dd Dic, walle nag y'n nhw mor wahanol i'w gilydd ag o'n i'n meddwl ar y dechre. O'n i'n twmlo bo fi'n gallu uniaethu â'r cymeriad. Dda'th e draw o Iwerddon, a neb 'di clywed amdano, neb yn gwbod pwy yw ei fam e. O'dd tymed bach o ryddid 'da fi ar y dechre i whare ta beth o'n i'n moyn. 'Na pam o'n i'n lico'r cymeriad 'fyd, achos o'dd Dic Deryn yn gymeriad mor eiconig flynydde 'nôl.

Priodasau'r Cwm

Cyplau cariadus dros y degawdau

Stan a Doreen Bevan

Dai a Sabrina Ashurst

Wayne a Cadi Harries

Derek a Karen Jones

Mr a Mrs David Tushingham (Tush a Magi Post)

Hywel a Ffion Llywelyn

Mark Jones a Dani Thomas

Darren Howarth a Sheryl Hughes

Darren a Katie Howarth

Sioned Rees

(Emily Tucker)

Cefndir Emily

O Bontarddulais y daw Emily Tucker, sy'n chwarae Sioned ers 2008. Roedd hi'n dwlu ar ddawnsio pan oedd yn blentyn, felly ymunodd ag Ysgol Ddrama Mark Jermin yn Abertawe tra oedd yn ddisgybl yn Ysgol Gyfun Gŵyr, cyn cael rhannau yn *Y Pris* ar S4C a *High Hopes* a *Belonging* ar BBC Cymru. Mae ei thad-cu yn ffan enfawr o'r gyfres, ac yn gwylio *Pobol y Cwm* yn selog, felly ceisiodd Emily am sawl rhan wahanol cyn cael rôl Sioned.

Ganwyd Sioned yn 1993, yn un o efeilliaid Eileen a Denzil Rees. Ond yn fuan ar ôl iddyn nhw gael eu geni, bu farw John yn y crud. Yn 1996, pan oedd Sioned yn dair oed, cafodd ei mam affêr â'r cyfreithiwr Jon Markham. Ysgarodd ei rheini, ac aeth Eileen a'i merch i fyw at Jon yn Aberystwyth. Dydy Sioned erioed wedi maddau i'w mam am hynny, mewn gwirionedd.

Yn 2007, dychwelodd Eileen a Sioned i fferm Penrhewl yn dilyn marwolaeth Jon. Wedi degawd a mwy o fyw heb ei thad, roedd Sioned wrth ei bodd yng nghwmni Denzil ac Anti Marian, a chafodd ei sbwylio'n rhacs gan y ddau er gwaethaf gwrthwynebiad Eileen. A hithau yn ei harddegau, datblygodd Sioned yn dipyn o fadam, a throdd yn gas wrth iddi fwlio Lois yn Ysgol y Mynach. Trodd ar Ricky a'i rieni hefyd, cyn ceisio darbwyllo Anti Marian ei bod yn colli ei chof. Roedd Denzil yn gandryll pan ddarganfu'r gwir, a bu farw o drawiad ar y galon ym mreichiau Sioned, heb faddau iddi.

Bu hen fodryb Sioned gryn dipyn mwy goddefgar, a phan oedd yn ddeunaw oed, etifeddodd gyfran helaeth o bres Anti Marian ac Yncl Bob. Gyda'r arian, prynodd siop y pentref, ei thrawsnewid a'i galw'n Siop Sioned. Sefydlodd asiantaeth athrawon cyflenwi hefyd, a phrynu car newydd, ond fe laniodd yn y carchar ar ôl cael damwain wrth yfed a gyrru.

Ar ôl cyfnod anodd yn dod i delerau â'i galar am ei thad, bu'n canlyn Scott cyn syrthio mewn cariad â'r athro Macs White. Roedd yntau hefyd wedi colli rhiant yn ifanc, ac er gwaethaf cymhlethdodau'r ddau, roedden nhw'n ddylanwad da ar ei gilydd. Daeth diwedd ar eu dedwyddwch pan dreisiwyd Macs gan Scott, a chael ei heintio â hepatitis B. Torrodd Sioned ei chalon pan ddaeth i wybod y gwir, gan i Macs ddewis rhedeg i ffwrdd a'i gadael i ddelio â'r cyfan – gan gynnwys effeithiau'r clefyd – ar ei phen ei hun.

Ar ben hynny, darganfu Sioned gyfrinach fawr ei mam. Ar ôl blynyddoedd o gredu ei bod yn unig blentyn, datgelodd Angela wrthi eu bod yn ddwy chwaer! Cafodd Sioned ei brifo i'r byw gan ragrith ei mam, a'r ffaith iddi gelu'r gwir oddi wrthi cyhyd. Er bod Sioned yn falch o gael chwaer fel Angela, nid dyma ddiwedd ei hanghydfod ag Eileen. Ar ôl iddi gael ffling anffodus gydag Eifion, mae Sioned bellach mewn perthynas ag Ed, ac mae nawr yn fadam ar bawb yn y Deri. Ond am ba hyd?

Emily ar fod yn Sioned

Ers i fi ddechre, sa i 'di ca'l saib o gwbl. 'Wy 'di mynd o un peth i'r llall, a'r rheiny'n straeon mawr i gyd. Dim byd normal, fel ca'l sboner a chwpla, ond trial saethu'i mam, trial saethu'i hun, ei thad yn marw yn ei harffed, mynd i'r carchar, bod yn bwli – pethe hollol nyts! Am ferch sy'n un ar hugain, ma Sioned 'di bod trwy lot. Beth sy'n grêt amdani yw y galle hi fynd i unrhyw le fel cymeriad.

Dyw Sioned ddim yn dewis bod fel mae hi. Mae hi'n trio cael cymaint o reolaeth dros ei hemosiynau ag y gall hi, achos mae hi'n gwbod os nad yw hi'n llwyddo, falle fod peryg ei bod yn mynd i gael loes. Wy'n credu'i bod hi'n ofni bod yn rhy hapus weithiau, achos mae hi wedi bod yn hapus ac wedi cymryd pethe'n ganiataol yn y gorffennol, ac mae hynny 'di ca'l ei dowlu 'nôl yn ei hwyneb hi.

Wy'n dal i gredu, ar y funud, fod lot o boen yn dal i fod ar ôl Macs. Er nag yw hi'n dangos 'ny, wy'n credu ei bod hi'n dal i feddwl amdano fe a'r holl sefyllfa – yr hepatitis B, Scott yn dod 'nôl, y trais – o'dd hi'n gorfod derbyn lot fan 'na, a'r ffaith ei fod e jyst 'di mynd, wel, dyw hi ddim 'di ca'l *closure*, fel petai.

Emily: Fel actores, wy'n caru Sioned, achos ma chwarae *bitch* yn lot o sbort. Does byth funud dawel 'da hi! Ond fel person, wy'n credu 'mod i'n teimlo trueni drosti. Mae lot 'di digwydd iddi. Er ei bod hi yng nghwmni pobl drwy'r amser, mae hi'n esiampl berffaith o rywun sy'n gallu bod mewn stafell neu dafarn yn llawn pobl, ond yn teimlo'n rili unig.

Mark Jones

(Arwyn Davies)

Mark gyda'i dad, Dyff

Cafodd Mark ei gyflwyno i Gwmderi yn 1993 wrth iddo roi car Hywel ar dân. Er i'r athro geisio'i gymryd dan ei adain, doedd dim gobaith ei ddiwygio – ar y pryd. Yn fuan wedi hynny, daethon ni i adnabod gweddill y teulu, oedd yn byw ar stad Maes y Deri. Roedd Dyff, ei dad, yn y carchar ar y pryd, ac roedd cerydd i bawb gan Kath, ei fam. Rywsut neu'i gilydd, doedd Stacey, ei chwaer, ddim fel petai'n llathen o'r un brethyn, a denodd ei gallu academaidd sylw ei hathro, Hywel, er mawr ddifyrrwch i Mark.

Dilynodd Mark ei dad i'r carchar ar ôl cael ei ddal yn lladrata o dŷ Clem. Goroesodd grasfa ffyrnig gan y barman mwyn, ond gadawodd honno greithiau ar ei hôl. Pan ddychwelodd Mark i'r Cwm roedd yn ddyn treisgar. Bu'n curo'i fam, a dechreuodd ddelio mewn cyffuriau. Bu'n gyfrifol am wneud Fiona'n gaeth i heroin, a bu'n gwerthu cyffuriau i ddisgyblion Ysgol y Mynach. Pan fu bron i blentyn farw, riportiodd Kath ei mab i'r heddlu, ac aeth Mark ar ei ben i'r carchar unwaith eto.

Syrthiodd Mark mewn cariad â Sharon Burgess, a fu'n steilydd gwallt yn salon Deri Dorri. Ond torrwyd calon Mark pan ddaeth i wybod ei bod hi a'i dad yn cael affêr. Bu farw Sharon pan fomiwyd ei char gan Steadman a'i griw. Ar ôl i Mark gael ei drywanu yn Abertawe, collodd un o'i arennau, a chlosiodd fwyfwy at ei fam. Cafwyd tipyn o sbort pan enillodd y Jonesys y loteri, a buon nhw'n rhedeg y Deri am gyfnod byr. Ond bu trobwynt llwyr yn agwedd Mark at fywyd pan laniodd Debbie, ei gyn-ffling o Sbaen, a chyhoeddi mai fe oedd tad Ricky, ei mab.

Symudodd Debbie a Ricky – a Liam a Vicky – i fyw at Mark a Kath ym Maes y Deri, ac er bod Ricky'n rhannu ei amser rhwng fflat Debbie a chartref Mark bellach, mae Mark wedi bod yn eithriadol falch o'i fab disglair erioed. Parhau â'i sgamiau wnaeth Mark am sbel, gan briodi Dani er mwyn ennill cystadleuaeth, a gwnaeth y camgymeriad o dorri i mewn i fflat Garry Monk. Herwgipiodd Garry e, a thorri'i fys bach yn gosb. Ond aeddfedodd Mark pan gafodd swydd gofalwr Ysgol y Mynach, ac mae bellach yn dosbarthu'r post i drigolion y pentref.

Syrthiodd mewn cariad â Gemma'n ddiweddar, a bu'r ddau'n cyd-fyw am gyfnod. Ond gwyddai Mark o'r dechrau mai torcalon fyddai diwedd carwriaeth â merch sy gymaint iau nag e. Mae e wedi ceisio'i orau glas i gadw at y llwybr cul – ond tybed a fydd yn llwyddo i wneud hyn? Ac a ddaw Mark byth dros y sioc o ddychwelyd i'w angladd ei hun?

Mark a Gemma

Arwyn: Dwi ddim yn meddwl 'i fod e'n parchu neb, mewn ffordd, achos mae e'n galw 'ti' ar bawb, yn cynnwys Anti Marian a Megan. Does neb yn 'chi' i Mark. Ond, wedi dweud 'ny, ma 'na ryw fath o barch 'na, er taw parchu pobl ar yr un lefel ma fe. Dyw e ddim yn meddwl bod neb yn well nag e, ond dyw e ddim chwaith yn edrych lawr 'i drwyn ar neb. Dyna pam ma 'da fe'r rhyddid i weud be bynnag ma fe moyn wrth bwy bynnag ma fe moyn.

Ar y Jonesys

Dwi'n meddwl mai'r hyn helpodd Siw, Shelley a fi i setlo fel Kath, Stacey a Mark o'dd cyfnod gethon ni'n yn ffilmio lot o olygfeydd mewn un bloc achos bod un ohonon ni ar fin cael hoe o'r gyfres. Ceson ni bythefnos, bron, o ffilmio stwff y Jonesys yn unig – bedydd tân mewn ffordd, yn syth mewn iddi. Rhiannon Rees o'dd yn cyfarwyddo, a dim ond ni o'dd ar y set am y cyfnod cyfan. Pa well ffordd o ddechre dod mla'n a deall ein gilydd? O'dd e'n ffantastic. Ac ar ôl hynny, roedden ni jyst ar yr un *wavelength*, wastad.

Wy'n gwbod bod Mark yn boblogaidd achos yr ymateb ma fe'n ca'l 'nôl gan y gynulleidfa. Ma'n nhw'n cofio straeon sa i'n eu cofio, hyd yn oed! Wy'n lico meddwl bod 'na rywfaint o'r hen Mark yn dal i gorddi dan yr wyneb o hyd. Dwi'n meddwl 'i fod e'n stryglo weithie, mae'n gwitho'n galed dros Ricky, ac fe 'nath e gyda Gemma hefyd, ac ma hwnna 'di gwitho yn ei erbyn e. Licen i feddwl amdano'n deffro un bore a jyst meddwl, 'Beth uffach wy'n neud? ***** i hwn! 'Wy 'di trio ngorau, a sdim byd yn mynd yn reit, 'wy 'di ca'l llond bola a wy'n mynd 'nôl i fel o'n i.' Ond y peth yw, *swansong* fydde fe, achos bydde'n rhaid i fi fynd wedyn 'ny. Ond 'na ffordd i fynd!

Cefndir Arwyn

Cafodd Arwyn Davies ei eni a'i fagu yng Nghaerdydd cyn i'r teulu symud i Abertawe. Roedd wrth ei fodd yn syrffio yn ystod ei arddegau, ac enillodd fri rhyngwladol yn sglefrfyrddio. Mae'n fab i'r diddanwr Ryan Davies, a fu farw pan oedd Arwyn yn naw mlwydd oed. Derbyniodd wahoddiad gan Ronnie Williams, cyn-bartner ei dad, i berfformio yn Theatr y Grand, Abertawe, ac o hynny ymlaen roedd ei fryd ar actio'n broffesiynol. Cafodd brofiad helaeth ar lwyfan ac ar y sgrin cyn ymuno â *Pobol y Cwm* ac yn ystod ei amser yn y gyfres. Mae wedi ymddangos ar y rhaglen blant *Sblat!* a'r cyfresi *Dihirod Dyfed* a *Naw tan Naw* ar S4C, yn *The Bench* i BBC Cymru, ac yn y ffilm *Solomon a Gaenor* yn 1999. Mae Arwyn yn gyfansoddwr dawnus hefyd, a bu'n gyfrifol am gerddoriaeth y gyfres animeiddio lwyddiannus *Gogs*, yn ogystal â threfnu cerddoriaeth y ffilm *Ryan a Ronnie*, a ddarlledwyd ar S4C yn 2009.

Rhys Carter (Cynorthwyydd Cyntaf) ar Mark a'i deulu

O'n i'n hoffi'r Jonesys, gan eu bod yn deulu clòs iawn. Fy hoff atgof o'r gyfres oedd gweld yr heddlu'n cwrso Mark mewn fan hufen iâ – Guns N' Roses yn bloeddio ar y stereo! Clasur!

Maria Pride (Debbie) ar Arwyn

'Wy wastad wedi caru gweithio gydag Arwyn. Ro'n i'n ffodus iawn iawn mai dod i weithio gydag e wnes i. Wy'n meddwl mai fe yw un o'r bobl fwya talentog sy gyda ni yng Nghymru.

Hedydd Owen (Is-olygydd) ar y Jonesys

Dwi wedi bod yn gwylio'r gyfres ers blynyddoedd – dylanwad Dad-cu a Mam-gu yn sicr, oherwydd roedden nhw'n recordio POB pennod ar VHS! Helyntion Mark, Stacey a Kath Jones oedd fy ffefrynnau i. Comedi ar ei gorau, a chymeriadau lliwgar a chofiadwy.

TU ÔL
I'R LLENNI

YMARFERION

Nia: Ma Anita'n gallu bod yn haden pan ma hi isie. Ond wedyn, gyda straeon fel colli Eira a Dwayne, 'wy wedi ca'l mynd ar drywydd gwahanol. Mae Meic ac Anita wedi bod yn gwpwl comig dros y blynyddoedd, a ges i lot o sbort yn neud 'ny. A nawr wy'n ca'l bod yn ewn, fflyrtio 'da gwahanol ddynion, a cha'l rhyw ffling bach fan hyn a fan draw, ac ma hwnna 'di bod yn neis hefyd.

Anita Pierce

(Nia Caron)

Cyrhaeddodd Anita Gwmderi yn 2002 fel mam Darren y garej, a dechreuodd weithio fel glanhawraig i Cassie Morris. Ond roedd y fam sengl o Ferthyr yn benderfynol o wneud mwy â'i bywyd na sgubo llawr y Deri – ac fe lwyddodd i wneud hynny'n eitha buan.

Datgelodd Anita mai Meic Pierce oedd tad go iawn Darren, yn dilyn perthynas gawson nhw flynyddoedd ynghynt. Bu ffraeo mawr rhyngddyn nhw ar y dechrau, cyn iddyn nhw gynnau tân ar hen aelwyd, a phriodi yn 2005. Prynodd Anita a Meic y Deri, a bu Anita'n dafarnwraig benigamp. Roedd hi wrth ei bodd yn dweud y drefn wrth y Darren diniwed a'i hanner brawd cyfrwys, Dwayne.

Daw Anita o gefndir difreintiedig, a bu'n brwydro ar hyd ei hoes. Dilynodd ei chwaer, Amanda, a'i nith, Kelly, hi o'u cartref cythryblus ar stad y Gurnos i'r Cwm. Bu Kelly'n byw yn y Deri gyda Meic ac Anita am sbel, ond gadawodd y pentref yn sgil ei bwlimia yn 2006.

Y tu ôl i'r wên gyhoeddus, yr hel clecs a'r uchelgais, mae Anita wedi profi sawl trychineb personol. Pan feichiogodd yn ei phedwardegau, roedd hi a Meic yn hapus iawn ar ôl iddyn nhw gyfarwyddo â'r syniad. Ond, yn dilyn damwain car, ganed Eira fach yn gynnar, a bu farw, gan achosi galar dwys i'w rhieni.

Yna, yn 2008, llosgodd y Deri yn ulw, ac ail-leolwyd y dafarn yn hen orsaf heddlu'r pentref. Flwyddyn yn ddiweddarach, bu colli Dwayne bron yn ormod i Anita. Ei hunig gysur oedd fod Darren gerllaw, nes iddo yntau symud i Ganada gyda'i wraig, Katie. Ganed merch fach iddyn nhw, ac er mawr dristwch i Anita, mudodd Wil, mab Darren a Sheryl, atyn nhw'n ddiweddar.

Bu Meic yn graig drwy holl dreialon bywyd Anita, nes i Colin y barman bywiog ddal ei llygad. Roedd Anita'n difaru ei henaid pan ddarganfu Meic y ddau'n cofleidio yn y selar, a chafodd sioc enfawr pan fynnodd Meic eu bod yn ysgaru

Collodd Anita gryn dipyn o'i statws pan gafodd ei thaflu allan o'r Deri, ond roedd lloches iddi ym Mryntirion gyda Diane. Roedd hi'n siŵr fod ei bywyd ar i fyny pan gyfarfu â Moc, rheolwr slic a golygus Banc Dyfed. Ond fe'i dadrithiwyd yn llwyr pan gafodd e affêr gyda Sheryl cyn ffoi rhag y gyfraith dan amheuaeth o gam-drin plant.

Dangosodd Meic drugaredd mawr tuag ati wrth gynnig cartref dros dro iddi yn rhif 10, ond mae'r ddau yng ngyddfau'i gilydd yn amlach na pheidio. Ar ôl closio at DJ, mae'n bryd i Anita ddechrau wynebu ei dyfodol yn gadarn ar ei liwt ei hun. Nid colli Meic fydd yr unig her fydd yn ei hwynebu, ond dod i dderbyn cyfrinach o orffennol ei chyn-ŵr …

Cefndir Nia

Cafodd Nia Caron ei magu yn Llwyn-y-groes, nid nepell o Dregaron. Mae wrth ei bodd yn perfformio er pan oedd yn ifanc iawn. Cyfarwyddodd sioe Nadolig yr ysgol gynradd leol cyn mynd i Ysgol Uwchradd Tregaron. Yn 1976, cafodd ei derbyn yn aelod o Theatr Genedlaethol Ieuenctid Cymru, a pherfformio yn *Oh! What a Lovely War* dan gyfarwyddyd Alan Vaughan Williams. Daeth i sylw Emily Davies wrth iddi gystadlu mewn eisteddfod, ac astudiodd am radd mewn Drama a Chelf ym Mhrifysgol Cymru, Aberystwyth. Wedi hynny, bu'n rhan o griw craidd Cwmni Theatr Cymru dan gyfarwyddyd artistig Emily, a pherfformio gwaith gan Chekhov yn ogystal â dramâu gwreiddiol a'r clasuron Cymraeg. Roedd Nia hefyd yn un o sylfaenwyr Cwmni Theatr Ystwyth, a bu'n gweithio i gwmni Brith Gof. Yn y gyfres gomedi *Torri Gwynt* gan HTV y cydweithiodd am y tro cyntaf â Gareth Lewis (Meic Pierce). Creodd argraff fawr ar wylwyr S4C fel Dilys Parry yn y ffilm a'r cyfresi *Porc Pei* a *Porc Peis Bach*, â'i dywediadau bachog fel 'Rachmaninoff!' a 'Oh, my giddy aunt!' Roedd ganddi rannau hefyd yn *Halen yn y Gwaed* a *Tair Chwaer*. Derbyniodd y cynnig i chwarae Anita yn 2002, ond nid dyna'r tro cyntaf iddi gamu dros drothwy'r Deri. Creodd densiwn mawr rhwng Reg a Megan Harries yn 1990 pan bortreadodd ddieithryn o'r enw Jane Leonard, sef mam fiolegol Gareth Wyn.

Nia ar Anita

Ma Anita'n fwy byrbwyll a phenstiff na fi, ac mae'n fwy cul hefyd, wy'n meddwl. Wrth gwrs, dyw'n cefndir ni ddim yr un peth. Ma hi 'di ca'l bywyd caled, a dyw dynion ddim wedi'i thrin hi'n dda. Ac ma hi wedi magu meibion, a cholli dau blentyn, ac fe alle hi droi'n berson sinigaidd, trist iawn, ond dyw hi ddim yn mynd i adael i hynny ddigwydd, a dyna beth sy'n ei hachub hi, mewn ffordd. Ma hwnna'n un tebygrwydd sy rhyngddon ni. Dwi ddim y math o berson sy'n gadel i bethe 'ngha'l i lawr, ac ma Anita fel 'na hefyd, diolch byth. Bydde hi wedi bod yn berson anodd iawn i'w chwarae tase hi'n negatif drwy'r amser.

Dwayne, Anita a Darren

Nia ar fywyd yn y Deri

Un o'r pethe fydda i byth, byth, byth yn ei anghofio yw rhywun yn gweud wrtha i, 'Chi sy'n mynd i redeg y Deri,' a meddwl, 'Yesss! Ni wedi cyrraedd!' A wnes i fwynhau rhedeg y dafarn. Ma rhwbeth amdano fe – es i'n bersonol yn eitha snoben, achos o'dd rhwbeth neis am woud wrth bohl o'dd yn gweud, 'Oh, you're in a soap, what's your role?' ac o'n i'n gallu gweud, 'I run the bar. I'm the owner, actually, my name's above the door!'

Atgofion cynnar

Un o'n atgofion cynta fel Anita o'dd bod ar y stryd ac achosi trafferth i Meic Pierce, wy'n cofio hwnna. Roedd y ffaith taw Meic o'dd tad Darren yn gyfrinach ar y pryd. Wy'n credu bo fi 'di chware fe fel mynd i weld y mab, a gwbod bydden i'n gorffod gweud wrtho ryw ddydd pwy o'dd ei dad, a bydde fe'n ca'l haint, achos 'i fod e'n byw yn yr un pentre, hwnna i gyd. Ac, wrth gwrs, do'dd 'da fi ddim syniad ar y pryd y bydden nhw'n dod â Meic a fi 'nôl at ein gilydd. Achos ein hanes dros y blynyddoedd, ma gyda ni gysylltiad arbennig, a ni'n mynd â rhai o'n straeon ni i gyfeiriad dyw'r criw cynhyrchu ddim yn 'i ddishgwl o gwbl.

Gareth Lewis (Meic) ar Nia

Ar *Torri Gwynt* y daethon ni i nabod ein gilydd, ar y diwrnod cynta un. Mi o'dd hi'n ferch ddistaw, ddiymhongar, a fyddai menyn ddim yn toddi yn ei cheg. Ond, o fewn wythnos, mi giliodd y swildod, a doth hi'n amlwg ei bod yn dipyn o gymeriad – merch o Dregaron a chanddi ddigon i'w ddeud! Mi ddaethon ni'n dipyn o ffrindia'n adeg hynny. Bydda i'n colli'r actorion i gyd pan fydda i'n gadael, achos dwi'n ffrindia mawr efo pob un ohonyn nhw, ond ma 'na rai rwyt ti'n gweithio agos efo nhw sy'n golygu mwy falle. Ma Nia'n sicr yn un o'r rheina. Ma gen i feddwl mawr ohoni, ac mi fydda i'n ei cholli hi, bydda.

Huw 'Jinx' Jenkins

(Mark Flanagan)

Cefndir Mark

Un o Gaernarfon yw Mark Flanagan yn wreiddiol. Pan oedd newydd adael Ysgol Syr Hugh Owen yn y dref, cafodd ran yn y gyfres *Tipyn o Stad*. Chwaraeodd rannau yn *Belonging* a *Holby City* i'r BBC ac yn *A470* ar S4C cyn ymuno â *Pobol y Cwm* yn 24 oed. Yn ogystal â dynwared chwerthiniad Teg, mae Mark yn giamstar ar ganu'r gitâr. Bu'n chwarae ym mand y Philbennetts gyda Rhys ap Hywel (Jason) ac Andrew Teilo (Hywel) am gyfnod.

Bodiodd Jinx ei ffordd o Fethesda i Gwmderi yn 2005. Roedd bywyd Huw Jenkins yn eithaf digyfeiriad ar y pryd, ar ôl iddo dreulio amser yn y carchar ac yntau'n gaeth i gyffuriau. Bu'n ffodus i gwrdd â Samariad trugarog pan gynigiodd Sabrina lifft iddo, a lle i aros dros dro.

Er mai enaid rhydd o anian artistig oedd e, arhosodd Jinx yn y pentref a chael gwaith yng Nghaffi'r Cwm. Fe syrthiodd mewn cariad â Kelly, nith Anita, a bu'r ddau'n byw gyda'i gilydd yn hen dafarn y Deri ychydig cyn i'r lle fynd ar dân. Doedd pethau ddim yn fêl i gyd rhwng Jinx a'r ferch danbaid o Ferthyr, chwaith. Daeth bwlimia Kelly yn gysgod dros y berthynas, a thorrodd Jinx ei galon pan adawodd hi'r Cwm.

Yna, yn 2008, bu bron i Jinx golli ei ffordd unwaith yn rhagor pan ddechreuodd ddefnyddio heroin eto. Diolch i Gwyneth, llwyddodd i oresgyn ei gaethiwed iddo, ac mae'r ddau'n dal i fod yn ffrindiau agos. Bu Jinx yn byw gyda Gwyneth ac Yvonne am sbel, ac ystyriodd eu cynnig i fod yn dad i'w plentyn. Bu'n gefn mawr i Gwyneth pan ddatguddiwyd twyll Yvonne, a rhoddodd ei deimladau tadol o'r neilltu am y tro.

Bu Jinx ac Izzy'n canlyn am sbel, er i'w hathro a'i chyn-gariad Macs roi straen ar y berthynas. Yn ddiarwybod i Jinx, byddai Macs yn chwarae rhan fawr ym mhennod nesaf ei fywyd hefyd. Yn fuan ar ôl iddo ddeffro yng ngwely Ffion yn dilyn noson fawr o yfed, darganfu Jinx ei bod hi'n disgwyl babi, a derbyniodd y ffaith mai ef oedd y tad yn syth. Roedd Ffion yn gwybod o'r dechrau mai celwydd oedd hyn, ond, er gwaetha'r twyll, syrthiodd y ddau mewn cariad.

Yn dilyn genedigaeth Arwen, aeth y tri ar daith i Fethesda dros gyfnod y Nadolig 2012. Tra oedd Ffion yn ceisio cymodi â Nesta a Val, datgelodd Taid wrth Jinx fod Ffion yn gyfnither iddo. Roedd cyfrinach fawr gan y ddau i'w chadw bellach, ond datgelwyd y cyfan ychydig cyn iddyn nhw briodi yn 2013. Yn ystod y seremoni, cyhoeddodd Iolo o flaen pawb mai Macs oedd tad Arwen. Ac yntau wedi'i frifo i'r byw, taflodd Jinx y gwir am eu perthynas deuluol yn wyneb Ffion.

Bu bron i'w perthynas chwalu, ond sylweddolodd y ddau na allen nhw fyw ar wahân. Profwyd cadernid eu perthynas adeg salwch Arwen, pan gafodd glefyd ar yr afu. Gwrthododd Macs gynnig rhan o'i afu i'w ferch oherwydd ei fod wedi ei heintio â hepatitis B. Yn bur annisgwyl, daeth Hywel i'r adwy – cyn-ŵr Ffion a bòs Jinx yn Cwm FM.

Treuliodd Jinx ei hun amser yn yr ysbyty rai blynyddoedd yn ôl, yn ogystal â chyfnod mewn cadair olwyn. Syrthiodd oddi ar sgaffaldau a cholli defnydd ei fraich dros dro, tra oedd yn dioddef o paresthesia, sef pinnau bach parhaus. Llwyddodd i ailafael yn ei allu a'i hunaniaeth fel arlunydd, ac yn ddiweddar bu'n gyfrifol am lunio murlun y pentref.

Mae'r teulu bach yn hapus iawn yng Nghysgod y Glyn ar hyn o bryd, ond daw perthynas Jinx a Ffion dan y chwyddwydr go iawn yn 2015, yn enwedig pan fydd Kelly'n dychwelyd i'r Cwm.

Mark ar Jinx a Ffion

Be sy'n ddiddorol am Ffion a Jinx, wrth gwrs, ydy fod y ddau'n *addicts* – fo'n gaeth i'r cyffuria a hitha i alcohol. Felly ma pob dydd yn risg, ac ma'n nhw'n byw ar ymyl y dibyn, achos gallan nhw gael *relapse* unrhyw adag. 'Dan ni'n cefnogi'n gilydd yn yr ystyr yna, a dwi'n licio'r ffaith fod y peryg yna'n bodoli, y bysa rwbath erchyll yn gallu digwydd. Ma'n nhw mewn sefyllfa hapus, yn arwynebol, ond hefyd ma 'na deimlad yn dy stumog y galla pob dim fynd yn draed moch.

Ar Bethan Ellis Owen (Ffion)

Bethan ydy'r unig berson neith prin fyth, byth anghofio'i leins yng nghanol *take*, a fflyffio. Dwi 'di gweld hi'n gneud hynna ddwywaith, ella, yn y ddwy flynedd dwi 'di bod yn gweithio efo hi. Ma hi fatha *machine*. Hi 'di'r ora yn bendant am ddysgu leins. Dwi'n meddwl hefyd ei bod hi'n gneud dipyn o waith paratoi, ond dwi'n fwy ffwrdd-â-hi, funud ola.

Ar ymateb pobl i Jinx

Ma pobl yn caru'r cymeriad, achos *rough diamond* ydy o, yndê? Dydy o ddim yn berffaith. 'Di pobl ddim yn licio pobl berffaith. Ma merched hŷn yn famol iawn tuag ato fo. Yn aml iawn, ma pobl yn yr archfarchnad jyst yn dod fyny ata i a rhoi hyg i mi, 'O, Jinx bach!' Pan oedd Ffion yn fy nhwyllo i efo'r babi, o'n i'n ca'l lot o sylw, ac roedd pobl mewn oed yn dod ata i ac yn deud, "Di'r hogan 'na ddim yn ddigon da i ti!' Ma'n nhw wrth eu bodda, a dw inna hefyd, achos dwi mor *attached* iddo fo.

Mark: Rhedeg i ffwrdd oddi wrth ei orffennol 'nath Jinx. Dwi'n meddwl mai bwriad y cymeriad pan ddechreuodd o oedd dangos sut ma gorffennol person yn medru ei ddiffinio yn llygaid pobl eraill, ac weithia 'dan ni fel cymdeithas ddim yn barod i fadda methiannau. Ma Jinx wedi dangos bod pobl yn medru newid, a bod yn rhaid i bobl faddau hefyd, dwi'n meddwl, a deall bod 'na allu tu mewn i bawb i newid er gwell.

O'r chwith i'r dde: Gwen, John Post, Maldwyn, Llinos, Beti, Mal, Madge, Kath, Geraint, Gwynfor ac Ows

Rydyn ni i gyd yn gyfarwydd ag wynebau cymeriadau ychwanegol cyson Cwmderi. Maen nhw i'w gweld ym mar y Deri, yn y caffi a'r siop *chips*, ac ar y Stryd Fawr yn aml iawn. Mae **Gwynfor Roberts** o Gaernarfon yn un o'r rhai mwyaf adnabyddus, ac mae e'n datgelu mwy am fywyd fel un o 'regs' y Cwm.

Y criw craidd ydy Gwynfor, Mal, John Post, Llinos, Madge, Maldwyn, Geraint, Beti a Kath, o'dd yn gweithio yn y banc, er bod hwnnw wedi cau rŵan. Ma Ows tu ôl i'r bar – ma 'na sawl un 'di bod tu ôl i'r bar – a Gwen, sy'n gweithio yn y caffi.

Rydan ni yma'n llawn amser ers tua 17–18 mlynedd, felly 'dan ni efo'n gilydd lot fawr iawn. Ma 'na lawer o eistedd o gwmpas yn gneud dim rhwng golygfeydd, ond rwyt ti ar y set hefyd. Ma 'na ddigon o dynnu coes a weindio'r lleill i fyny!

Ma sawl cyfarwyddwr yn licio gweld rhyw brysurdeb yn mynd ymlaen yn y cefndir mewn golygfeydd. Ond ma'n raid i ti neud yn siŵr nad wyt ti'n tarfu ar yr olygfa. 'Dan ni'n aros yn y cefndir fel arfer, a jyst neud y job mor naturiol ag y gallwn ni. Rhaid peidio trio actio, achos ma'r camera'n dallt os wyt ti'n gwneud hynny. Dylai'r gwylwyr dy weld di, ond heb sylwi arnat ti.

Ma gen ti ddau fath o ecstra, sef SAs (*supporting actors*) a *walk-ons*, sef be 'dan ni. Wnei di sylwi ar yr SAs, achos dydan nhw ddim yn cael deud dim byd, ond efo ni – rhyw ddwsin ohonan ni – gallwn ni ddeud sawl llinell i neud golygfa'n fwy naturiol, fatha ateb rhywun ar y stryd, 'Su'mai?' neu 'Borc da'. Mae'n grêt. Dwi'n cofio rhyw griw oedd yn y coleg yn Abertawe'n chwara gêm pan oeddan nhw'n gweld Gwynfor neu Mal ym mar y Deri. Os oeddan nhw'n ein gweld ni yno, roeddan nhw'n cymryd cegaid o'u peint. Os oeddan ni'n deud gair, roeddan nhw'n downio'r peint!

Fydda i wrth fy modd pan fydd 'na barti gwisg ffansi, neu flwyddyn newydd – mae o'n rhwbath gwahanol, yn lle bo fi'n trwsio *washing machine* neu'n paentio ffens. Ond ma pob diwrnod yn wahanol mewn ffordd; er ei fod o 'run peth, mae o'n wahanol.

Ma *Pobol y Cwm* 'di bod yn mynd mor hir, mae o'n teimlo fatha teulu. Mae'n *cliché*, dwi'n gwbod, ond mae o'n wir.

Ed Charles
(Geraint Todd)

Mae Ed wedi wynebu nifer o broblemau wrth geisio cynnal tafarn y Deri a'i deulu. Bu cyn-ŵr Angela, Jim, yn dipyn o boen, ac roedd ceisio cadw'r ddysgl yn wastad rhwng Angela a Gemma'n her a hanner. Pan glywodd Ed ei fod yn dioddef o ganser y ceilliau, fe glosiodd at Dani, oedd yn gweithio'r tu ôl i'r bar ar y pryd.

Aeth pethau'n ffradach pan drywanwyd Dani gan Gemma tra oedd hi'n cerdded yn ei chwsg. Pan ddeffrôdd ac wynebu trawma'r hyn a wnaeth, sylweddolodd Gemma mai hi, nid Andrew, oedd yn gyfrifol am ladd ei mam. Gan mai Ed fagodd Gemma tra oedd ei thad yn y carchar, roedden nhw'n agos iawn, a bu Ed o gymorth mawr i'w nith wrth iddi ddod i delerau â'r gwir a fu ynghudd cyhyd.

Cafodd Ed ei frifo i'r byw pan glywodd fod Angela wedi cael affêr gydag Andrew flynyddoedd yn ôl. A phan gelod Angela'r gwir am golli eu babi, daeth eu perthynas fregus i ben. Ffodd i America i geisio clirio'i ben, ond pan ddaeth adre doedd dim setlo arno. Dechreuodd gymryd *steroids* gyda rhai o'i gyd-chwaraewyr yng Nghlwb Rygbi Cwmderi. Trodd yn oriog a byr ei dymer, a bu bron iawn iddo ddinistrio'i berthynas newydd â Sioned Rees. Bu Sioned yn gefn mawr i Ed bryd hynny, a gwnaeth Ed yr un gymwynas â hi pan ddatgelwyd bod Sioned ac Angela'n chwiorydd.

Am gyfnod, bu bywyd yn ddedwydd i'r ddau, ond mae problemau ariannol ar y gorwel. Am ba hyd y gall Ed gynnal ei wyneb cyhoeddus cyn iddo dorri o dan y pwysau?

Cefndir Geraint

Brodor o Bontypridd yw Geraint Todd, a ddechreuodd actio tra oedd yn ddisgybl yn Ysgol Gyfun Rhydfelen. Yn 14 oed, cafodd ei ran gyntaf yn *Pobol y Cwm*, fel disgybl yn Ysgol y Mynach a gafodd grasfa gan Mark Jones, oedd yn gwerthu cyffuriau i'r plant ar y pryd. Dilynwyd hynny gan rannau yn y cyfresi *Halen yn y Gwaed*, *Y Palmant Aur* a *Pam Fi, Duw?* ar gyfer S4C. Gwnaeth Geraint radd mewn Saesneg a Hanes ym Mhrifysgol Cymru, Caerdydd. Parhaodd i actio ar ôl graddio, a chwarae rhannau yn y cyfresi *Noson yr Heliwr / A Mind to Kill*, *Y Tŷ*, *Iechyd Da* a *The Bench*. Bu hefyd yn cyflwyno'r rhaglen gerddoriaeth *Bicini* ar S4C cyn cael rhan yn y gyfres *Gwaith / Cartref*.

Geraint ar Ed

Wy'n credu bod Ed yn llawer hapusach nawr bod e off y *steroids*, ac mae'n teimlo bod arno fe lot i Sioned. Wy'n meddwl 'i fod e wir mewn cariad â Sioned, ac mae'n ddiolchgar 'i bod hi 'di stico gyda fe. Ma hynny i gyd yn ei orffennol nawr, ac ma Angela'n hen hanes hefyd. Ond wy'n credu bod Ed wastad yn dangos wyneb cyhoeddus yn y Deri o flaen y cwsmeriaid, a hefyd yn cadw rhywbeth yn ôl. Falle gwelwn ni fwy o hwnna, y stwff ma fe'n trio'i guddio, yn dod i'r wyneb.

Wnes i lot o ymchwil i stori'r *steroids*, a'r effaith feddyliol yn fwy na dim. Ro'dd y canser yn gnoc i'w hyder e a'r syniad sy ganddo o beth yw bod yn ddyn. Pan ddechreuodd e chware rygbi 'to, a sylweddoli nad o'dd e mor gyflym a chryf ag y buodd e, gymerodd e'r tabledi er mwyn profi 'i fod e'n dal yn ddyn. O'dd sgileffeithiau hynny'n eitha dinistriol i'w fywyd. Nid jyst cymryd *steroids* er mwyn cymryd *steroids* 'nath Ed, ond trio profi rhywbeth iddo fe'i hunan ac i bawb arall.

Geraint ar actio'r tu ôl i'r bar yn y Deri

Mewn drama, ma'r camera'n tueddu i symud llawer mwy, ond yn *Pobol y Cwm*, dyw e ddim yn symud lot, os o gwbl, felly er mwyn rhoi 'bach o symudiad a *pace* i mewn i olygfa, ma'n rhaid i'r actorion symud. Pan ddes i 'ma, weles i'n glou iawn fod raid neud rhywbeth er mwyn edrych yn naturiol, ac erbyn hyn ma 'da fi restr hir yn fy llyfr sgript o bopeth alla i ei neud – gafael mewn lliain sychu llestri fel ma Emily (Sioned) yn hoffi'i neud, tynnu peint, defnyddio'r *optics*, cyfri arian, sychu'r bar, rhoi matiau cwrw mas, casglu platiau – ma llwyth o bethe. Un peth 'wy wedi'i ddysgu yw gwneud defnydd o brops, sy'n ffordd o fod yn dechnegol, yn gyflym a neud i bethe edrych mor naturiol â phosib.

Geraint: Wy'n credu bod Ed yn trio plesio pawb drwy'r amser, ac yn methu. Ma rhedeg y Deri'n golygu ei fod yn gorfod plesio pobl i ennill bywoliaeth, sydd ddim yn help. A'r Deri yw canolbwynt y pentre, wrth gwrs, ac ma lot o bethe dramatig yn digwydd 'na, a fe sy'n gorfod trio cadw popeth dan reolaeth.

Victoria: Er bod Dai a Diane yn bigitan lot, yn y bôn mae angen Diane ar Dai. Hi yw ei graig, a dyna sut wy'n deall y berthynas. Mae hi angen cael ei heisiau. O'dd 'na chwerder mawr ynddi cynt, a wy'n credu taw Graham o'dd yn gyfrifol am 'na, achos redodd e off gyda menyw arall a'i gadael hi a'r plant. A hi o'dd yr ola ar y stad i glywed am yr affêr. A 'nath y ffaith fod pawb yn chwerthin am ei phen ac yn siarad amdani ei brifo hi i'r carn. Ond wy'n credu, wedi 'ny, taw Dai o'dd yr allwedd – fe o'dd yr un ddechreuodd ddatgloi ochr feddal Diane, y galon o'dd yna o dan bob dim.

Diane Ashurst

(Victoria Plucknett)

Dynes sydd wedi meddalu cryn dipyn dros y blynyddoedd yw Diane Ashurst (Francis gynt), ers iddi gyrraedd Cwmderi yn 1999. Roedd ei chyn-ŵr, Graham, wedi'i gadael am fenyw arall, a glaniodd Diane yn y pentref o stad Maes y Deri i gyhuddo Reg o gam-drin Emma, ei merch.

Er gwaethaf difrifoldeb yr honiad, a oedd yn gwbl ddi-sail, datblygodd perthynas ramantus rhwng Reg a Diane, a daeth Jason, ei mab, i'r pentref maes o law. Bachodd Diane ar y cyfle i briodi un o hoelion wyth y Cwm, a gwella'i statws – a'i chyfri banc. Doedd hi ddim yn briodas berffaith – cysgodd Diane gyda Graham y noson cyn y seremoni, a denodd Doreen Bevan lygad Reg yn ogystal.

Bu mwy o gynnwrf pan fu farw Reg o drawiad ar y galon yn 2003, a datgelwyd nad mam Emma oedd Diane, ond ei modryb. Cafodd Emma ei brifo i'r byw unwaith eto pan ddenwyd Steffan, ei chariad a thad ei merch, Hannah, i wely Diane. Gwnaeth Diane ei gorau i wneud iawn am ei holl gamweddau â'i phlant, ond ymfudo i Awstralia wnaeth y ddau yn y diwedd. Yno y mae Emma a Hannah, a Jason a'i wraig, Sara, yn byw o hyd.

Roedd Diane yn caru gyda Derek pan ddechreuodd ei pherthynas hi a Dai. Torrodd galon Derek, a chwalodd priodas Dai a Sabrina yn sgil yr affêr hefyd. Ond, am y tro cyntaf erioed, llwyddwyd i doddi calon Diane, ac er gwaethaf eu ffraeo di-baid, mae hi a Dai'n deall ei gilydd i'r dim.

Mae Diane yn fenyw fusnes graff, ac mae'n rhedeg cwmni adeiladu a glanhau APD ar y cyd â Jim Probert a'i gŵr, yn ogystal â chadw cartref clyd i'r ddau ym Mryntirion. Y gwir amdani yw fod Diane yn dipyn o deyrn ar yr hen Dai – ac yn cael y gorau arno byth a beunydd.

Cefndir Victoria

Un o Dreforys, ger Abertawe, yw Victoria Plucknett. Pan oedd yn ifanc iawn, enillodd am adrodd yn Eisteddfod yr Urdd a disgleirio fel actores. Cafodd gytundeb gyda BBC Cymru yn 17 oed, a chyfrannu at gyfresi fel *Deg i Dragwyddoldeb* cyn cael hyfforddiant yng Ngholeg Rose Bruford yn swydd Caint. Tra oedd hi yn y coleg, parhau wnaeth ei pherthynas â'r BBC, ac actiodd mewn nifer o gynyrchiadau – *As You Like It*, gyda Helen Mirren, yn eu plith. Yna, yn 1976, cafodd ran Mary, y forwyn Gymreig, yn y ddrama gyfnod *The Duchess of Duke Street*. Ar ôl iddi ddychwelyd i Gymru, gwnaeth argraff mewn cyfresi fel *Dinas a Halen yn y Gwaed* cyn derbyn rhan Diane Francis. Ac nid dyma'r tro cyntaf iddi hi ac Emyr Wyn bortreadu gŵr a gwraig, chwaith – chwaraeodd y ddau berchnogion siop yn Llundain yn *Y Palmant Aur*.

Victoria ar ddechrau yn y gyfres

Wy'n cofio'r rihyrsal cynta, achos o'dd Catrin Arwel, o'dd yn chwarae Emma, fy merch, a fi'n dechre yr un pryd, a do'n i ddim yn nabod ein gilydd o gwbl. Rhiannon Rees o'dd yn cyfarwyddo. Aethon ni i mewn a darllen yr olygfa gynta fel o'n i 'di darllen popeth yn y gorffennol, a wedodd Rhiannon, 'Grêt. Nawr, allwn ni neud e 'to – heb y seibiannau!' Hwnna o'dd y cliw cynta i fi siwd o'dd *Pobol y Cwm* yn gweithio. Do'dd dim amser i ga'l seibiant o gwbl! Ar ben 'ny, mae lot fawr o sgript, mae'n gyfres eiriog iawn, ac y'ch chi'n gorffod trosglwyddo stori'n glou iawn.

Victoria ar Emyr Wyn

Wy'n credu bo ni'n siarad yn onest iawn â'n gilydd, a smo ni ofan ein gilydd yn yr ystyr 'na: 'Sai'n credu dylet ti fod yn gwneud 'na, ti'n gweud yr un peth â fi', 'Paid â neud hwnna', 'Ma dy dreiglad di'n rong', 'Ond ma fe lawr ar y sgript!' 'Ie, wel, smo ni'n gweud hwnna!' A wy'n gwbod bo fi'n gallu dibynnu ar Ems, a gobitho'i fod e'n gallu dibynnu arna i.

Ar Diane

'Wy byth yn meddwl bo fi'n gwbod yn gwmws pwy yw Diane, achos mae gofynion y sgript yn newid. Ond mae'n rhaid i chi ga'l rhyw fath o syniad pwy yw'ch cymeriad. O'dd hi'n fenyw chwerw ofnadw ar y dechre, ac o achos 'ny o'dd hi'n neud pethe cas fel bradychu Reg a chysgu gyda chariad ei merch ei hunan! Fel actores, o'n i'n lico Diane y *mess*. Wrth iddi fynd yn hŷn, mae hi 'di mynd fwy mewn i gomedi, ac mae hi 'di meddalu lot. Mae'n neis chwarae hwnna hefyd. Fel gwyliwr, wy'n credu bydde'n well 'da fi Diane neisach heddi nag un y gorffennol.

Ymateb y cyhoedd

Mae pobl wastad yn dod i siarad â fi – pobl ddi-Gymraeg gan amla, sy'n gwylio gydag is-deitlau – yn enwedig yn Marks & Spencer, am ryw reswm – a hyd yn oed pan 'wy ar fy ngwyliau yn Sbaen!

Golygfa gofiadwy

Wna i fyth anghofio golygfa'r paent. O'dd Diane yn briod â Reg Harries ar y pryd, ac o'dd e 'di mynd i botsian â 'i *fancy lady*, Doreen (Marion Fenner). Doreen o'dd metron y cartre hen bobl, a ddaeth hi 'nôl pan o'n i 'ma, yn flonden glam o'dd yn edrych yn anhygoel. Reg o'dd biau'r caffi ar y pryd, a fi o'dd yn 'i redeg e. Daeth Doreen i weld Reg, a pharcio'i char mawr, drud ar y stryd tu fas. A'th Diane yn wallgo 'da hi, ac ar ôl lot o sgrechen a gweiddi tu fewn, symudodd y ffrae mas. O'dd torf o bobl wedi dod i weld beth o'dd yr holl sŵn, a Reg yn trio stopo Diane rhag pwno Doreen. O'dd rhywun 'di bod yn paentio'r tŷ agosa, a dyma Diane yn cydio mewn pot paent, a'i dowlu fe dros y car! A'r llinell ola o'dd 'Nadolig Llawen!' Wna i wastad gofio wyneb Marion Fenner – o'dd e'n bictiwr!

Emyr Wyn (Dai) ar Victoria

Mae Vicky'n berson ffantastic. A'r peth wy'n 'i garu fwya amdani fel actores yw nag yw hi'n sylweddoli ei bod hi'n berson doniol. Bydda i'n chwerthin weithie ar rywbeth mae hi 'di gweud, ac mae hi'n gofyn, 'Pam ti'n wherthin?' 'Achos mae'n ddoniol.' 'Nagyw ddim!' Ac mae hi'n gwylltio os yw pobl yn chwerthin, ac yn troi i'r Saesneg weithie. Wedi dysgu Cymraeg mae hi, yn rhyfeddol.

Dewi Meirion (Rhedwr / Trydydd Cyfarwyddwr Cynorthwyol) ar Diane

Un o fy hoff gymeriadau yw Diane. Mae Victoria Plucknett yn chwarae'r cymeriad mewn ffordd mor 'strêt' fel nad yw hi'n sylweddoli pa mor ddoniol yw hi, sy'n fy nhiclo i, ac yn fwy fyth wrth drafod rhai golygfeydd gyda hi.

Hedydd Owen (Is-olygydd) ar Diane

Diane yw fy hoff gymeriad. Mae hi'n gymeriad real iawn, yn gryf ac yn gadarn, a ddim yn un i gymryd nonsens wrth Dai. Er bod ganddi bersonoliaeth synhwyrol yn y bôn, mae Diane yn cynnig digrifwch mewn sawl sefyllfa, ac mae'n bleser ei gwylio.

Catrin 'Cadno' Richards

(Catrin Powell)

Cefndir Catrin

Merch o Gaerdydd yw Catrin Powell. Dechreuodd ei gyrfa actio yn wyth mlwydd oed yn *Gwaed ar y Dagrau* ar S4C, cyn iddi ymuno â gweithdy drama HTV, a arweiniodd at rannau yn *The Snow Spider*, *Monstrous* a *Dinas*. Ar ôl cael hyfforddiant yng Ngholeg Rose Bruford, swydd Caint, cafodd ran yn *Tair*, drama gomisiwn Eisteddfod Genedlaethol Bro Ogwr 1998, a ysgrifennwyd gan ei llystad, Meic Povey, un o sylfaenwyr *Pobol y Cwm*. Aeth ymlaen i chwarae rhan yn y gyfres *Iechyd Da* ar S4C, yn y ffilm *Nice Girl*, ac yn y cyfresi *Border Cafe* a *Belonging* i BBC Cymru.

Cyflwynwyd Cadno i Gwmderi fel cyfyrderes i Denzil a nith i Anti Marian yn 2006. Roedd ei mam yn ddifrifol wael, ei chariad, Eifion, yn y carchar am ddwyn defaid, ac roedd Cadno dan bwysau i gynnal y fferm. Trodd at dwyll drwy gyflenwi cynnyrch ffug-organig i Denzil ac Eileen ar gyfer Penrhewl.

Oherwydd y trafferthion ar fferm ei theulu, cafodd Cadno waith ym Mhenrhewl, a bu'n byw gyda Sara a Nesta yn y pentref am gyfnod. Fe brofodd ei gallu i weithio'n galed, ac roedd yn byw a bod er lles y fferm. Roedd hi hefyd yn dipyn o *tomboy*, yn yfed peintiau yn ei chap lledr brown, ac yn ymddangos yn fwyaf cyffyrddus mewn pâr o *overalls*.

Yn Sioe Llanelwedd yn 2007 cafodd Cadno sioc enfawr pan laniodd Eifion yng nghefn ei threlar. Ac yntau ar ffo o'r carchar, bu'n cuddio ym Mhenrhewl am sbel, ond dihangodd y ddau cyn i Eifion gael ei ddal. Pan ryddhawyd Eifion yn 2008, daeth i fyw a gweithio ym Mhenrhewl gyda Cadno, ac roedden nhw'n teimlo'n angerddol dros wneud bywoliaeth o weithio'r tir. Ond roedd cynnal fferm a pherthynas yr un pryd yn bell o fod yn fêl i gyd. Cafwyd trychineb bersonol pan gollon nhw'u babi cyntaf yn y groth, a bu'r ddau ynghlwm â sawl dadl wleidyddol go danbaid.

Bu gorfod difa'u gwartheg pan gawson nhw eu heintio gan glefyd y diciâu (TB) yn anodd tu hwnt i'r ddau, ac roedd Cadno'n chwyrn o blaid difa moch daear ar y pryd. Daeth tolc arall yn eu perthynas pan wrthwynebodd Cadno gynlluniau'r teulu i ganiatáu codi melinau gwynt ar dir Penrhewl. Bu marwolaeth Denzil yn ergyd fawr i Benrhewl, a chynyddu wnaeth y pwysau gwaith ar Cadno ac Eifion. Ar ben hynny, cafodd genedigaeth Bobi ac Arthur effaith andwyol ar eu perthynas. Mopiodd Eifion ei ben ar Sioned, gan ysgogi Cadno i redeg i ffwrdd at Macs yng Nghaerdydd, a hynny yn sgil pwysau iselder yn dilyn geni Arthur.

Croeso llugoer gafodd Cadno pan ddychwelodd i Benrhewl, a chanfod bod Angela ac Eifion yn gariadon. Bu'r tri'n cyd-fyw dan yr unto am gyfnod, sefyllfa oedd yn annioddefol i bawb. Er gwaethaf ymdrechion Cadno i ennill Eifion yn ôl, fe benderfynon nhw yn y diwedd mai dod â'r berthynas i ben oedd y peth iawn i'w wneud. Etifeddiaeth Bobi ac Arthur yw blaenoriaeth Cadno erbyn hyn, ond a fydd fferm ei chyndeidiau'n rhan o'i chynlluniau? Bydd misoedd y gaeaf yn rhai anodd iawn iddi ym Mhenrhewl, a pherchennog newydd yn achosi cryn anhapusrwydd iddi.

Catrin: Disgrifiodd y cylchgrawn *Golwg* Cadno fel y ffermwr mwya blin yng Nghymru – ac mae hynny'n wir! Mae hi'n grac drwy'r amser.

Catrin: Mae Cadno'n gymeriad cryf iawn. Mae'n credu yn ei daliadau gant y cant. Does dim byd *wishy-washy* amdani o gwbl. Roedd stori'r TB yn un fawr i Benrhewl – ddim jyst i Cadno, ond i'r holl fferm – heb sôn am *badgergate* a Denz yn marw.

Angela Probert

(Tara Bethan)

Cefndir Tara

Daw Tara Bethan o Lansannan yn wreiddiol, a dechreuodd ei gyrfa ym myd adloniant yn ifanc iawn wrth iddi droedio llwyfannau theatrau gogledd Cymru pan oedd yn blentyn. Cafodd lwyddiant yn dawnsio, yn canu ac yn llefaru yn Eisteddfod yr Urdd, ac yn Eisteddfod Genedlaethol Môn 1999 enillodd Ysgoloriaeth Goffa Wilbert Lloyd Roberts, a'i galluogodd i ddatblygu ei gyrfa fel perfformiwr theatr proffesiynol. Gadawodd Ysgol Uwchradd Glan Clwyd yn 16 oed i gael hyfforddiant yn Ysgol Theatr Redroofs, Maidenhead. Wedi cyfnod fel aelod o'r grŵp pop Cic, cafodd ei chastio yn y brif ran yn *Nia Ben Aur* gan Theatr na nÓg. Bu'n actio yn y cyfresi *Emyn Roc a Rôl*, *Xtra* a *Rownd a Rownd* ar S4C, ac yn *Footballers' Wives* ar ITV, cyn ymddangos ar y rhaglen *I'd Do Anything* ar BBC1, a arweiniodd at gyfnod ar daith gyda'r sioe gerdd *Joseph and the Amazing Technicolor Dreamcoat* gan Andrew Lloyd Webber.

Cyflwynwyd Angela i Gwmderi trwy ei gwaith fel nyrs yn yr ysbyty lleol adeg marwolaeth Brandon a chyfnod Britt mewn coma, a bu'n gysur mawr i Siôn ar y pryd. Daethon ni i wybod mai hi oedd cyn-wraig Jim Probert pan aeth Angela i eithafion i geisio rhwystro Jim rhag gweld Courtney, eu merch, trwy awgrymu bod y dyn busnes wedi cam-drin yr un fach, ond cafodd ei threchu gan Jim yn y gwrandawiad cyfreithiol.

Yn fuan wedi hyn, glaniodd Angela tu ôl i far y Deri fel cariad y landlord newydd, Ed. Bu'r ddau'n canlyn flynyddoedd ynghynt cyn i Angela gyfarfod â Jim, ond cafodd Angela affêr gydag Andrew, brawd Ed, bryd hynny. Doedd Angela ac Ed ddim wedi bod gyda'i gilydd yn hir cyn iddyn nhw fentro rhedeg bar y Deri. Rhoddodd hyn straen fawr ar eu perthynas fregus, fel y gwnaeth y tensiwn mawr rhwng Angela a Gemma, nith Ed, byth ers iddi weld Angela ac Andrew gyda'i gilydd pan oedd yn blentyn. Pan ddechreuodd Ed glosio at Dani, oedd yn ffrind i Gemma, datgelodd Angela wrth bawb yn y Deri mai Gemma laddodd ei mam. Rhoddodd Ed ac Angela gynnig arall ar gyd-fyw pan ddarganfu Angela ei bod yn feichiog, ond daeth diwedd ar y berthynas pan ddaeth Ed i wybod bod Angela wedi dweud celwydd am golli'r babi.

Ar ôl iddi gael ei gorfodi i adael y Deri, dechreuodd Angela'i busnes nyrsio ei hun, Dwylo Angel. Symudodd hi a Courtney 'nôl at Jim am gyfnod, nes i Eileen gael digon a thaflu ei holl eiddo allan drwy ffenest y tŷ. Aeth Angela i drafferth wrth fflyrtio â Garry a Hywel, er bod y ddau mewn perthynas â rhywun arall ar y pryd. Roedd Angela wedi cael ei mabwysiadu pan oedd yn blentyn, a phlentyndod digon anhapus gafodd hi. Felly roedd yn awyddus i fod yn rhan o deulu a rhoi bywyd sefydlog i Courtney, a dyma oedd wrth wraidd ei hymddygiad.

Daeth tro ar fyd i Angela pan ddarganfu mai Eileen Markham yw ei mam. Ymbiliodd Eileen ar Angela i gadw'u cyfrinach ond, a hithau'n ysu am deulu go iawn, rhannodd y newyddion â Sioned, ei hanner chwaer. Mae'r tair yn dal i geisio cyfarwyddo â'u perthynas newydd, ac mae'r sefyllfa'n fwy cymhleth oherwydd bod Eileen yn bartner i Jim, a Sioned yn gariad i Ed erbyn hyn.

Closiodd Angela at Eifion tra oedd yn nyrsio Anti Marian, ac mae'r ddau'n canlyn yn selog ar hyn o bryd. Roedd bywyd yn eithaf lletchwith ym Mhenrhewl pan fynnodd Cadno aros yno gyda'i phlant hi ac Eifion ar ddechrau'r garwriaeth, a gwneud ei gorau i ddifetha syniadau busnes Angela ac Eifion. Ond am ba hyd wnaiff Eifion ddal sylw Angela, ac yntau am gefnu ar dir Penrhewl?

Am y tro cyntaf erioed, mae Angela'n mwynhau'r teimlad o berthyn, a dydy hi ddim am gyfaddawdu wrth geisio sicrhau'r gorau iddi hi a Courtney bob tro.

Tara ar Angela

'Swn i byth, byth yn ffrindia efo Angela. Mae'n slei, mae'n *man-eater*, mae'n *needy*. Ond dwi'n dallt pam ei bod hi fel 'na. Ma'n rhaid i mi uniaethu efo hi, neu fyswn i ddim isio'i chwara hi.

Yr acen

Am gyfnod, mi o'n i angen cadw'r acen ddeheuol i fynd ar ol ffilmio golygfa, yn enwedig ar y dechra. Do'n i ddim isio bod yn actores oedd yn deud, 'I'm Angela now, don't talk to me,' ond os nad o'n i'n neud hynna, fyswn i'n ymarfar, bysa rhywun yn siarad efo fi, a wedyn *Action!* a 'swn i'n mynd 'Aaa! Dwi'm yn gwbod be dwi i fod i ddeud, dwi'n methu cofio'r geiria'n iawn!'

Tara ar ei theulu ar y sgrin

Efo Geraint Todd, sy'n chwarae Ed, ges i 'nghusan gynta i ar y sgrin erioed, yn *Xtra*!

Dwi'n mwynhau gweithio efo Sera (Eileen) yn fawr. 'Nath hi helpu fi lot efo'r acen, a ma hynna'n nyts, achos roedd Angela 'di bod yma am flwyddyn cyn i ni wbod ei bod hi'n mynd i fod yn chwarae fy mam.

Ma Emily (Sioned) a fi'n dda iawn am chwarae *mean girls*, *so* dwi'n gwbod y bysan ni'n dda p'run ai ydan ni'n chwarae yn erbyn ein gilydd neu efo'n gilydd yn erbyn gweddill Cwmderi! Pan dwi'n mynd adra i Lansannan, ma pobl yn deud petha fatha, 'Www, ti'n hen ast ar *Pobol y Cwm*!'

Tara: Ma 'na ddwy ochr iddi – Angela, y ferch ifanc sy'n edrych ar ôl ei hun, sydd isio sylw, achos pan oedd hi'n tyfu fyny, gath hi ddim sylw gan y rhieni oedd wedi ei mabwysiadu, ac Angela'r fam amddiffynnol sy jyst isio'r gorau i Courtney, yn enwedig gan nad ydy hi wedi cael petha'n hawdd dros y cyfnod diweddar 'ma.

Cardiau post y Cwm

Ers degawdau, bellach, mae plant Cymru wedi bod wrth eu bodd yn casglu cardiau post eiconig *Pobol y Cwm*, ac maen nhw mor boblogaidd ag erioed heddiw. Roedd y casgliad hwn, sy'n dyddio o 1991, yn arbennig o gofiadwy. Bob tro byddai cardiau newydd yn cael eu cyflwyno, roedd yn ras i gael gafael ym mhob un ohonyn nhw ac, os oeddech chi'n lwcus, cael llofnod yr actorion arnyn nhw!

TAL JENKINS
(Ernest Evans)
BBC CYMRU

REG
(Huw Ceredig)
BBC CYMRU

Sean McGURK
(Gwyn Derfel)
BBC CYMRU

MEIC PIERCE
(Gareth Lewis)
BBC CYMRU

LLEW
(Rhys Parry Jones)
BBC CYMRU

OLWEN
(Toni Caroll)
BBC CYMRU

MEIRA

(Sara McGaughey)

EILEEN

(Sera Cracroft)

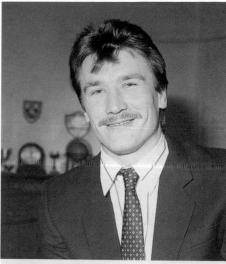

HYWEL LLEWELYN

(Andrew Teilo)

DOREEN

(Marion Fenner)

CLEM

(Glan Davies)

MEGAN

(Lisabeth Miles)

DET SGT JAMES

(Ieuan Rhys)

GLAN

(Cadfan Roberts)

BETH

(Eirlys Britton)

Sheryl Hughes

(Lisa Victoria)

Daeth Sheryl Hughes i'r Cwm fel chwa o awyr iach, yn llawn sbri yn ei sgert siec gwta a'i sodlau uchel. Fe'i dilynwyd gan Julie, ei mam, a Rhiannon, ei chwaer fach, sydd bellach yn byw yng Nghaerdydd, ond nid yw Sheryl yn gwybod hyd heddiw pwy yw ei thad.

Bu'r ferch fywiog, drawiadol hon yn achos torpriodas rhwng Darren y garej a Lowri, ond ar achlysur ei dyweddïad â Darren, swynwyd Sheryl gan ddihiryn y Cwm, Garry Monk. Tra oedd Darren yn bocsio i ennill blaendal i brynu modrwy iddi, roedd Sheryl a Garry mewn stafell lawn rhosod mewn gwesty'n yfed siampên. Pan laniodd Darren mewn coma, tyngodd Sheryl lw i fod yn ffyddlon iddo, a bu'r briodas yn un ddedwydd am sbel. Ym mar y Deri, o bobman, y ganed ei mab Wil, sy'n gannwyll llygad ei fam.

Pan chwalodd y briodas, trodd Sheryl at Garry am gysur, ond datblygodd y berthynas yn un dreisgar. Roedd yn gam mawr iddi adael Garry i fagu Wil ar ei phen ei hun. Canolbwyntiodd ar ei busnes, siop drin gwallt brysur Deri Dorri – J&S erbyn hyn – a bu'n caru â Kevin, hanner brawd Darren. Cafodd Kevin strôc ddifrifol ychydig cyn iddyn nhw briodi, a daeth y berthynas i ben wedi i'r pwysau brofi'n ormod i'r ddau.

Daeth tro ar fyd am gyfnod, wrth i Sheryl ailgynnau'r tân â Garry, ac er i'r berthynas honno fynd i'r gwynt, bydd lle iddo yn ei chalon am byth. Yn fwy diweddar, mae Sheryl wedi wynebu un her fawr ar ôl y llall, wrth iddi syrthio mewn cariad â Moc, tad ei chyn-gariad Gethin a chymar Anita, ei chyn fam yng nghyfraith. Mae Moc ar ffo o'r Cwm ers i'r gwir gael ei ddatgelu am ei hanes yn cam-drin plant, ac aeth Wil i aros gyda Darren a'i wraig, Katie, yng Nghanada am sbel. Ond roedd gwaeth i ddod pan gafodd Sheryl ei threisio yng nghefn ei siop gan Kevin, a bu'n flwyddyn gron cyn iddo ddod o flaen ei well a chael dedfryd o garchar. Dilynwyd hynny gan siom anferthol pan ddeallodd Sheryl fod Wil yn awyddus i aros yng Nghanada yn barhaol. Bu angen pob gronyn o'i nerth ar Sheryl wrth iddi ddod i arfer â bywyd ar ei phen ei hun, ond am ba hyd fydd hynny? Heb os, bydd colli Meic o'r pentref yn gadael ei ôl ar Sheryl, a hithau'n un o'i gyfeillion pennaf.

Lisa: 'Wy 'di datblygu lot fel actores, ac ma Sheryl wedi newid yn llwyr. Ma hi wedi esblygu'n rhywun hollol wahanol i'r person oedd hi ar y dechrau, ond 'wy wrth fy modd â'r straeon trwm. 'Wy 'di bod yn ffodus iawn – dim ond am bump wythnos o'n i fod yn y gyfres yn wreiddiol! Wy'n dwlu ar Sheryl. Mae wedi bod yn gyfnod hollol anhygoel.

Cefndir Lisa

Daw Lisa Victoria o Dreherbert yng Nghwm Rhondda. Dawnsio a chanu âi â'i bryd pan oedd yn blentyn, ac aeth i Ysgol Gyfun Rhydfelen cyn cael ei hyfforddi yng Ngoleg Brenhinol Cerdd a Drama Cymru, Caerdydd. Un o uchelfannau ei chyfnod yn y coleg oedd perfformio mewn cynhyrchiad o *Medea* gan Euripides ar ynys Cyprus yn 1992. Wedi hynny bu'n cyflwyno ar S4C, yn cynnwys y rhaglen blant *a b c* a rhaglenni adloniant fel *Corws* ac *Ar y Prom*. Yn 1994, aeth ar daith gyda Theatr Powys yn y cynhyrchiad *Morgiana's Dance* gydag Olwen Medi (fu'n chwarae rhan Rita Powell, merch Tal Jenkins, yn *Pobol y Cwm*). Bu hefyd yn lleisio cymeriad Kelly yn y gyfres *Station Road* ar BBC Radio Wales. Ychydig cyn i Lisa gyrraedd Cwmderi, chwaraeodd gymeriad Caryl yn nhrydedd gyfres *Tair Chwaer* ar S4C, yn ogystal â'r ffilm *Tair Chwaer*.

Lisa ar Sheryl

Pan ddes i i mewn, dwedodd y cynhyrchydd Terry Dyddgen-Jones, 'Er ei bod hi'n gwisgo sgyrts lan at fan 'yn a bod hi'n 'bach o *party animal*, ma calon fawr gyda hi. Ond sneb yn ei chyffwrdd hi, achos ma 'ddi fel corwynt – yn debyg i Erin Brokovich.'

Wy'n credu bod calon fowr 'da Sheryl, ac mae hi gwastad 'di bod yn whilo am y bywyd perffaith iddi hi, sef gŵr a theulu. Ond bob tro ma Sheryl wedi dod yn agos at ffindo unrhyw beth sefydlog, ma hi wedi'i chwalu fe. Wy'n credu bo hwnna'n dod o'i chefndir gyda'i mam, Julie. O'dd Julie'n partïo, yn whare bingo bob penwythnos, mas 'da'r merched, joio, lot o ddynon yn mynd a dod, ac wedi ca'l plant yn ifanc. Ma Sheryl gwastad wedi trio peidio bod fel Julie. O'dd hi moyn bod yn fam iawn i Wil, a wedyn 'ny, 'di trio'n rhy galed, a'i fogi fe, bron.

'Wy moyn gweld cryfder Sheryl yn dod drwodd nawr. Achos er ei bod hi'n wan weithie, mae'n blwmin' gryf 'fyd, i allu sefyll lan yn y cwrt a dweud beth ddigwyddodd, a nage hi ddenodd Kevin. Ma hi'n berson cryf ofnadw, a wy'n lico hwnna. Sdim raid iddi ga'l dyn yn 'i bywyd i'w gwneud hi'n hapus.

Lisa ar Garry a Sheryl

Er bod y ddau ohonyn nhw 'bach yn *toxic* fel cwpl, ma rhywbeth yn eu denu nhw 'nôl at ei gilydd o hyd. Ma Richard Lynch a fi wir yn mwynhau gweithio gyda'n gilydd, ac mewn gwirionedd pan ddechreuodd yr affêr rhwng Garry a Sheryl, 'na pryd dechreuodd Lisa newid fel actores, a Sheryl newid fel cymeriad.

Dyw Sheryl byth wedi tynnu mwclis Garry. Byth! O'dd y gadwyn yn arfer bod yn un drwchus, ac mae 'di treulio, achos bo fi wedi'i chnoi hi gymaint. Wel, Sheryl sy wedi'i chnoi hi. Bob tro ma hi mewn 'bach o drafferth, mae'n 'i chodi 'ddi ac yn chware 'da hi. Wna i byth 'i thynnu hi.

Gweithio ar y gyfres

Wy'n gallu bod yn *workaholic*. Ma'r sgript ddiweddara 'da fi bob amser, felly os ydw i'n styc mewn traffig weithie, wy'n codi'r sgript a mynd drwyddi, sy 'bach yn drist! Ond ma hynny achos bod y tîm cynhyrchu wedi rhoi gymaint o ffydd ynddo i, ac wy'n gwerthfawrogi 'ny o waelod calon. O'n i wir ddim yn disgwyl bod 'ma mor hir, a chael y storis cryf 'wy wedi'u cael.

Gareth Lewis (Meic) ar Sheryl a Lisa

Ma ganddo fo (Meic) feddwl y byd o Sheryl, ac mi oedd hynny'n help, achos ar hyd y blynyddoedd, ers pan mae Sheryl yma, mae 'na berthynas wedi bodoli rhwng Sheryl a Meic sydd yn bositif iawn. Ac mae o'n trio bod yn gefnogol iddi, er gwaetha popeth, achos mae hi'n golygu cymaint iddo. Dyna'r peth. Mae'n bleser gweithio efo Lisa Victoria, mae'n rhaid i mi ddeud – mae'n ardderchog i weithio efo hi.

Richard Lynch (Garry) ar Lisa

Wy'n mwynhau gweithio 'da Lisa fel Sheryl achos bod 'na dyndra rhywiol rhwng y cymeriadau, ac ma hwnna'n ddefnyddiol iawn i actor.

Jim Probert

(Alun ap Brinley)

Cefndir Alun

Un o Aberhonddu yw Alun ap Brinley yn wreiddiol, ond cafodd ei fagu yng Nghaerdydd. Aeth i Ysgol Gyfun Rhydfelen, cyn astudio am radd mewn Drama ym Mhrifysgol Aberystwyth, dan adain Emily Davies. Wedi hynny, derbyniodd wahoddiad i ymuno â chriw craidd Cwmni Theatr Cymru; ymhlith uchafbwyntiau Alun roedd y cynyrchiadau *Torri Gair, Tŷ ar y Tywod,* a *Gernika.* Yn 1984, ymunodd Alun â chast *Pobol y Cwm* fel Fferet, oedd yn dwyn defaid o fferm Llwynderi. Bu'r dihiryn yn gymeriad achlysurol am ddegawd a mwy, a chyrhaeddodd uchafbwynt pan gynhaliodd Fferet gyrch dramatig ar gaffi Meic. Cafodd ei garcharu'n ddiweddarach am ladd Siân, gwraig Clem. Rhwng y cyfnodau'n chwarae Fferet a Jim, bu Alun yn actio mewn nifer o gynyrchiadau, yn eu plith *The District Nurse, Casualty, Holby City* a *The Indian Doctor* i'r BBC, a *Con Passionate, Iechyd Da, Y Pris* a *Pen Talar* ar S4C.

Cyrhaeddodd Jim Probert bentref Cwmderi â chroen ei din ar ei dalcen. Roedd yn byw ym Maes y Deri, yn gymydog i Debbie a Mark, ac roedd e'n gandryll eu bod nhw eu dau wedi ei dwyllo'n ariannol. Cynigiodd Mark gynhyrchu crysau-T i'r tîm pêl-droed lleol i wneud iawn am y drosedd, ond camsillafodd enw cwmni Probert, y prif noddwr.

Ychydig ar ôl hynny, eglurwyd pam ei fod mor flin o hyd – roedd Angela, ei gyn-wraig, yn ei rwystro rhag gweld Courtney, eu merch. Bu'n rhaid mynd â hi i gyfraith, gyda chymorth Yvonne, i sicrhau cyswllt cyflawn â'i ferch. Courtney fu cannwyll ei lygad erioed, ac maen nhw'n agos iawn erbyn hyn.

Prynodd Jim siâr ariannol Dani yng nghwmni ABD yn dilyn marwolaeth Brandon Monk. Mae e'n cydweithio'n gyson â Dai a Diane, ac mae ei BMW yn tystio i'w lwyddiant ariannol. Ond roedd sbel cyn iddo lwyddo ym materion y galon – roedd ei ymgais gyntaf i ganlyn Eileen yn druenus. Roedd e'n gyndyn iawn o wario'i arian, ac yn mynnu eu bod yn rhannu'r biliau mewn bwytai ac yn arbed ar dacsis, hyd yn oed. Trwy lwc, rhoddodd Eileen ail gyfle iddo, a daeth y ddau i feddwl y byd o'i gilydd.

Ond daeth bygythiad i'w perthynas pan ddatgelwyd mai Eileen oedd mam Angela, a'i bod felly'n fam-gu i Courtney! Aeth y stori ar led, ac roedd y sgandal deuluol yn fêl ar fysedd ei bartner busnes, Dai. I rwbio halen yn y briw, bu Jim yn amau'n gryf nad fe oedd tad go iawn Courtney, ond doedd dim sail o gwbl i'w bryderon. Er gwaethaf yr holl gymhlethdodau, roedd Jim yn benderfynol o briodi Eileen, a chafodd y ddau ddiwrnod i'w gofio yng Nghapel Bethania. Yn anffodus, daeth yn amlwg fod eu huniad yn un anghyfreithlon, er mawr siom iddyn nhw.

Maen nhw'n benderfynol o fod gyda'i gilydd – byddai Jim ar goll yn llwyr heb Eileen. Ond am ba hyd fydd fflat Siop Sioned yn ddigon i'r ddau, ac yntau'n meddu ar bortffolio busnes mor iachus? Mae gan Jim gynlluniau mawr ar y gweill yng Nghwmderi – ac er ei fwyn ef, gobeithio y bydd Eileen yn cytuno â nhw.

Alun ar Jim

Un o'n hoff straeon i gydag Eileen oedd pan aethon ni allan am fwyd am y tro cynta. Ma Jim yn mynd â hi mas am 'Two for One deal' ar ei phen-blwydd. Y ffordd o'dd e'n ei gweld hi o'd: beth o'dd y fenyw 'ma moyn, ma hi 'di gweud

bod hi'n lico'r Eidal, a ma fe 'di mynd â hi mas am Italian. Ma hi, wrth gwrs, yn meddwl ei bod hi'n mynd i Fenis, ond ei bai hi o'dd hynny!

Wy'n credu 'se Jim yn mynd ar fy nerfe i tasen i'n gorfod treulio lot o amser yn ei gwmni fe, ond galla i fadde iddo. Wy'n gobitho bo fi'n gweld yn bellach na Jim, a ddim yn ymateb mewn ffordd mor fyrbwyll.

Alun ar Jim ac Eileen

Wy'n credu bod *Pobol y Cwm* ar ei orau pan ma'n nhw'n neud rhywbeth annisgwyl gyda chymeriad. Un o'n hoff olygfeydd i fel Jim o'dd golygfa'r *waltz*, pan o'dd e'n trio hudo Eileen am y tro cynta. Ro'dd yn sefyllfa mor *ridiculous*, ac o'dd ffindo ffordd o'i chael hi i weithio'n hanfodol i hygrededd y cymeriad. Wy'n dwlu gweithio gyda Sera beth bynnag; ma hi'n berfformwraig mor dda, a geson ni gyfle i whare 'da phethe. Buon ni'n wherthin ac yn neud pethe dwl wrth ymarfer, ond pan dda'th hi'n fater o recordio'r olygfa'i hunan, oherwydd bo ni 'di mynd â'r peth i'r eithaf arall, lwyddon ni i ddala'r sbarc 'na 'nath i'r olygfa weithio, a datblygodd y berthynas o fyn 'na.

Alun ar ei dad, Brinley Jenkins

Dad biau'r record am chwarae'r nifer fwyaf o gymeriadau yn *Pobol y Cwm* – chwech i gyd, yn cynnwys gweinidog, meddyg, cyfreithiwr a chynghorydd. Ei gymeriad olaf e oedd Mansel Bennet, *sidekick* Stan Bevan, ac o'n nhw 'run mor llwgr â'i gilydd.

**Annes Wyn
(Cynhyrchydd Stori)
ar Jim**
Fy hoff gymeriad i ydy Jim Probert. Dyn annwyl iawn, ond ddim heb ei fai – fel pob un ohonon ni!

Alun: Ma Jim yn *alpha male*, ond nid yn ystyr negyddol y term. Ma fe'n berson sy'n gweld bywyd yn ddu a gwyn. Ond ma fe hefyd yn ymwybodol fod 'na liwiau, dim ond bod y lliwiau'n ei ddrysu fe. Mae'n foi sy'n lico bywyd syml, ond mae'n cael ei herio gan gymhlethdodau bywyd, a dyw e ddim yn gallu dygymod â'r cymhlethdodau hynny.

Hufen Corff â Lliw
Tinted Moisturiser

Lightly tinted with colour and pearl extract
to make your skin pop with luminescence

Salon J&S

· Golchu a thorri gwallt / Wash and cut - £20

· Torri gwallt / Dry cut - £15

· Sycha gwallt / Blow dry - £18

· Perms - £20

· Lliw gwallt / Colour works - £20

· Triu ewinedd / Manicure - £12

· Triu traed / Pedicure - £10

· Ewinedd acrylig / Acrylic Nails - £18

· Reiki - £20

· Tatŵs / Tattoos - & / from £30

Gwyneth Jones

(Llinor ap Gwynedd)

Cefndir Llinor

Merch y mans yw Llinor ap Gwynedd, ac fe gafodd ei magu yng Nghwm-gors, Llandeilo a Chrymych. Rhoddodd ei bryd ar fynd yn actores yn ifanc iawn, a chafodd ran mewn tair cyfres o *Sblat!* yn ei harddegau. Astudiodd am radd yn y Dyniaethau, â'r pwyslais ar y theatr, yng Ngholeg y Drindod, Caerfyrddin, cyn mynd ymlaen i actio yn *Y Palmant Aur* a *Llafur Cariad.* Yn ogystal â nodi deugain mlynedd o *Pobol y Cwm,* mae gan Llinor reswm arall dros ddathlu yn 2014, gan mai yn 1974 y cafodd hithau ei geni!

Creodd Gwyneth Jones argraff o'r eiliad y cyrhaeddodd hi Gwmderi yn 2003, yn bygwth cyfraith ar Dai 'Sgaffalde' Ashurst. Mynnu iawndal ganddo ar ran ei thad yr oedd hi, a bu'n rhaid i Dai werthu tafarn y Bull yn Llanarthur er mwyn ei thalu ac osgoi achos llys.

Prynodd Gwyneth dŷ ar stryd fawr y pentref, a dechrau canlyn Mark Jones, ond daeth eu perthynas i ben pan welodd e Gwyneth yn rhannu cusan â merch. Collodd Gwyneth ei mam i ganser pan oedd hi'n blentyn, a chafodd ei magu gan ei thad. Tyfodd yn ferch eofn, hyderus yn ei deurywioldeb.

Rhoddodd Gwyneth ei bryd ar Britt tra oedd hithau'n dal i alaru am Teg, a chynnig lloches a pherthynas gariadus iddi. Bu'n gefn mawr i Britt tra oedd hi'n feichiog â babi Owen, ond ymosododd y gweinidog ar Gwyneth ar ôl iddi ddarganfod ei fod yn mynd at buteiniaid. Wynebodd Gwyneth her bellach pan gafodd ddiagnosis o ganser y fron. Daeth drwyddi gyda chymorth ei chyfeillion Jinx ac Anti Marian. Roedd yn gymeriad tawelach pan oedd yn rhannu'i chartref â Jinx, a datblygodd fusnes tylino holistig. Ond trowyd ei byd ben i waered ar ôl iddi gysgu gyda Garry Monk – camgymeriad a esgorodd ar fabi ymhen naw mis. Rhoddodd Gwyneth enedigaeth i Gwern Harley Jones ar soffa yn ei chartre, ond cymerodd sbel iddi gyfarwyddo â'r syniad o fod yn fam. Ystyriodd roi Gwern i'w fabwysiadu, ond newidiodd ei meddwl ar y funud olaf.

Erbyn i Yvonne Evans gyrraedd y pentref, roedd Gwyneth wedi dod i garu Gwern, ac ymhen tipyn roedd y tri yn byw fel teulu bach clòs. Priododd y ddwy ddydd Nadolig 2010, a bu Yvonne yn graig i Gwyneth pan ddychwelodd y canser. Ond, yn ddiarwybod i Gwyneth, roedd Yvonne yn byw bywyd dwbl fel asiant i'r heddlu cudd, ac roedd hi yng Nghwmderi i ymchwilio i droseddau ariannol Garry Monk. Chwalwyd hapusrwydd Gwyneth yn deilchion pan ddaeth i wybod y gwir, ac arweiniodd hyn at ddamwain erchyll, angheuol. Er mwyn dial ar Garry, cyneuodd dân yn fflat wag y Sosban Chips. Rhedodd Brandon i mewn i'r fflat gan feddwl bod Dani yno, ond fe'i lloriwyd gan y fflamau, a bu farw.

Ddwy flynedd yn ddiweddarach cyfaddefodd Gwyneth y gwir ar ôl cyfnod o gael ei blacmelio gan Gethin Thomas, ac fe'i hanfonwyd i'r carchar. Cafodd hefyd grasfa ddifrifol gan Britt am ladd ei brawd. Bellach, mae hi 'nol yn y pentref ar ôl derbyn ei chosb, ond oes gobaith iddi gael maddeuant gan drigolion Cwmderi?

Llinor ar y dyddiau cynnar

O'n i mor ofnus yn dechre ar *Pobol y Cwm*, o'n i'n ffaelu mynd i'r stafell werdd am rai wythnose. 'Nes i aros yn y stafell wisgo, achos o'n i ofan cerdded mewn a gweld yr enwe mawr i gyd. O'dd un o ngolygfeydd cynta i 'da Huw Ceredig, Gwyn Elfyn ac Emyr Wyn. Ac o'n i'n eu nabod nhw i gyd, felly o'dd hynny'n iawn. Ond o'dd y syniad o fynd mewn i'r stafell werdd a gweld Siw Hughes a Sue Roderick ac eraill, yn ormod i fi!

Llinor ar fod yn Gwyneth

Ges i wyth mis bant yn ddiweddar, a'r diwrnod cynta o'n i 'nôl, roies i ddillad Gwyneth mla'n, ac O! ges i'r teimlad rhyfedda. Achos ti 'di bod 'ma mor hir, ti'n cymryd y peth yn ganiataol, ond wir, ges i groen gŵydd y tro 'na.

'Wy 'di ca'l ymateb positif iawn fel Gwyneth – sai'n meddwl bod unrhyw un erioed 'di bod yn gas. Wy'n cofio pan o'n i'n foel, da'th y boi 'ma lan ata i yn Marks & Spencer, a dweud: 'Listen, love, I know you're on *Pobol y Cwm*, but are you all right, or is it for the part?' No, no, medde fi, I'm all right, it's literally just for the part! A bryd arall, o'n i ym maes parcio Tesco Penarth, o'dd yn llawn dop, adeg stori Garry a Gwyneth, a da'th y boi caled 'ma mewn *shellsuit* draw a gweud, 'Don't worry, love, that Garry Monk, I'll 'ave 'im for you, I'll 'ave 'im!'

Llinor: Mae Gwyneth yn gymeriad cymhleth iawn. Wy'n credu'i bod hi moyn bod yn berson da, ond mae pethe wedi digwydd sydd wedi achosi iddi wneud pethe gwael. Mae'n fyrbwyll iawn. Mae'n annoeth iawn. Ond wy'n credu taw'r peth roiodd sefydlogrwydd iddi o'dd ca'l plentyn.

Jeremi: Dwi ddim mor ddeallus â Siôn, yn sicr, a dyw 'Nghymraeg i ddim cystal â'i Gymraeg e. 'Sdim amynedd 'da fi fel sy 'da Siôn, a dwi ddim mor egwyddorol ag e. Dwi'n sicr ddim mor gefnog â Siôn, o ystyried y tŷ sy 'da fe. Dyw 'mywyd i ddim cweit mor *chaotic*, chwaith – a dyw 'nghefndir i ddim mor ddiddorol â'i un e. Ond dwi'n gwisgo'n well na fe!

Siôn White

(Jeremi Cockram)

Yn 2002, symudodd Siôn White a'i deulu o Gaerdydd i fyw yng Nghwmderi. Yn gyfieithydd wrth ei waith, roedd e'n hapus i gefnogi ei wraig, Dr Gwen, yn magu eu tri mab – Huw, Iolo a Macs – yn y Felin. Roedd Siôn wedi danto ar fywyd dinesig, ac fel un o gefndir di-Gymraeg yn y Cymoedd, roedd e'n awyddus i'w feibion gael magwraeth mewn ardal Gymraeg. Mae'r iaith, y gymuned a chenedlaetholdeb yn greiddiol i weledigaeth Siôn, a chaiff ei ystyried yn un o hoelion wyth Cwmderi.

O fewn llai na blwyddyn, bu farw Gwen o diwmor ar yr ymennydd – colled enfawr i deulu'r Whites. Er iddo gael cymorth gan ei frawd yng nghyfraith, Cai, a chefnogaeth Leighton, ei dad, roedd magu tri mab yn sialens a hanner i Siôn, ac yntau ar goll yn ei alar. Daeth dan y lach am ddechrau perthynas â Sara mor fuan ar ôl colli Gwen, a dilynwyd hynny gan berthynas drychinebus arall gyda Nesta. Cafodd ei dwyllo gan Sara, a chysgodd Nesta gyda'i fab Macs – yn wir, chafodd e ddim lwc o gwbl gyda merched nes iddo gwrdd â Britt Monk.

Synnodd nifer yn y pentref pan ddaeth y ddau at ei gilydd, ond fe rannon nhw eu cusan gyntaf tra oedden nhw'n hel achau teulu'r Monks. Maen nhw wedi anghytuno'n ffyrnig ynghylch gweithgareddau mwy treisgar Britt a'i theulu, yn enwedig ei chyfnod byr yn y carchar, ac mae dadl am rywbeth yn codi'n aml yn y Felin. Ond, yn y bôn, maen nhw'n ddau enaid hoff, cytûn.

Pan oedd Britt mewn coma ar ôl y tân a laddodd Brandon, roedd Siôn mewn anobaith llwyr. Er ei fod yn anffyddiwr ers blynyddoedd maith, gweddïodd am wellhad i Britt, a phan ddigwyddodd hynny, cafodd Siôn dröedigaeth, ac mae ei ffydd yn rhan ganolog o'i fywyd byth ers hynny. Mae'n aelod selog o Gapel Bethania, ac yn pregethu yno'n gyson.

Perthynas gymhleth sydd gan Siôn a'i feibion erbyn hyn. Dim ond Iolo sy'n dal i fyw yn y pentref, ac er nad yw Siôn yn deall rhesymau Macs a Huw am eu penderfyniadau mewn bywyd, mae'n gweld eu heisiau nhw o hyd. Mae'n gobeithio cael gwell llwyddiant fel llystad i Chester, Catrin ac Aaron. Ond mae ei dueddiad i fagu obsesiwn tuag at faterion sy'n dal ei ddiddordeb wedi gyrru Siôn i gymryd risg anferthol trwy brynu'r Deri gydag arian Bethania. Mae Siôn yn canfod ei hun rhwng y diawl a'i gynffon.

Cefndir Jeremi

Brodor o Lanfabon, rhwng Merthyr Tudful a Phontypridd, yw Jeremi Cockram yn wreiddiol. Er ei fod yn fachgen swil, rhoddodd ei fryd ar fod yn actor tra oedd yn ddisgybl yn Ysgol Gyfun Rhydfelen. Gwnaeth radd mewn Astudiaethau Theatr yng Ngholeg Goldsmiths, Prifysgol Llundain, cyn dychwelyd i Gymru i berfformio gyda chwmnïau theatr niferus. Bu cynhyrchiad Tim Baker o *Rape of the Fair Country* i Theatr Gorllewin Morgannwg yn un uchafbwynt. Cafodd brofiad helaeth o actio ar y sgrin hefyd, yn cynnwys y ffilm *Streetlife* i'r BBC, *Y Weithred*, *Y Palmant Aur* ac *Y Glas* i S4C. Fel nifer o actorion eraill *Pobol y Cwm*, chwaraeodd Jeremi ran fach yn y gyfres flynyddoedd yn ôl, fel cymeriad geisiodd dwyllo Hywel a Steffan, ond yn ofer!

Jeremi: Wy'n dod o deulu di-Gymraeg, ond o'dd fy hen fam-gu'n siarad Cymraeg, a gyda hi wyliais i *Pobol y Cwm* gyntaf. O'dd hi'n gwylio cyfresi eraill yn y 1970au hefyd, fel *Hamdden* a *Fo a Fe* – o'dd Ryan yn rhan fowr o bethe. Ond wy'n cofio gwylio *Pobol y Cwm*, ac mae gen i frith gof o weld cymeriadau fel Bella a Magi Post ar y sgrin.

Jeremi ar fod yn Siôn

Dim ond unwaith neu ddwy ma rhywun wedi meddwl mai Siôn White ydw i go iawn. Ma lot o bobl yn siarad â fi fel yr actor sy'n chware Siôn. Ond ma lot o bobl rhwng y ddou begwn 'na, sy'n whare gêm, mewn ffordd. 'All right, Siôn, how's it going?' A wy'n gwbod bo nhw'n gwbod nace fe ydw i, ond ma fe'n grêt. Mae'n sbort.

Jeremi ar Siôn

Ma fe'n mynd ar fy nerfau i weithie, byw gyda'r person 'ma. Ac mae'n ddiddorol hefyd, pan ti'n chwarae'r un cymeriad am ddeuddeg mlynedd, mae'n anodd meddwl ble ma'r actor yn cwpla a'r cymeriad yn dechre.

Weithie, bydden i'n hoffi bod yn fwy tebyg i Siôn White. 'Sen i'n lico bod yr un mor egwyddorol a'r un mor gadarn ag e. Licen i 'sen i'n gallu gweld y byd mor ddu a gwyn ag e mewn ffordd. Wy'n dueddol o weld mwy o lwyd.

Yn ei dyb e, mae e'n dal yn fethiant fel tad – yn sicr gyda'r tri mab hynaf. Ma fe'n gweld nid yn unig iddo fethu oherwydd ei alar yn sgil colli Gwen, ond ma fe 'di colli ei mewnbwn hi i'r gwaith o fagu teulu, a dyw e ddim 'di gallu efelychu rôl y fam Er, ma fe wedi gorffod golchi a smwddo, a choginio … Ond dyw e ddim wedi gallu cyflawni'r rôl emosiynol 'na. Ma fe'n teimlo bod e 'di gorffod neud 'ny, ond wedi methu. Ac ma fe'n teimlo fod y bois wedi colli mas ar beidio ca'l mam.

Ma fe'n eitha hunangyfiawn. Ma fe'n gallu bod yn *arrogant* iawn. Mae'n gallu bod yn ddall i beth bynnag sy'n mynd mlaen o'i gwmpas e. Mae'n gallu bod yn *obsessive* am bethe. Mae'n beio'i hunan am lot o bethe. Mae'n galed iawn arno fe'i hunan, ac mae'n gallu bod yn galed ar bobl eraill 'fyd. Mae e'n trio neud pethe am y rhesymau iawn, ond o ganlyniad mae'n creu pob math o broblemau iddo fe'i hunan ac i bobl eraill. Weithie bydden i'n lico gweud wrtho: stedda lawr, a jyst gad e fod. Gad e fynd. Ond dyw e ddim yn gallu gadael i bethe fynd, ma fe fel rhyw obsesiwn 'da fe.

Donna Edwards (Britt) ar berthynas Siôn a Britt

Mae'n bleser gweithio 'da Jeremi Cockram, ac wrth i ni ddadansoddi Siôn a'i berthynas â Britt wy'n credu ddaethon ni i'r casgliad fod ochr gorfforol perthynas Siôn a Britt oddi ar y raddfa!

Richard Lynch (Garry) ar Siôn

Yr unig berson ma Garry'n ei barchu – a falle bydd hyn yn sioc – yw Siôn, the square Welshy! Dyma'r boi ma fe'n ei barchu fwya yn y Cwm, am ei fod yn gweld ei fod yr un mor gryf ag e. Mae e'n eitha straight ynglŷn â beth ma fe moyn. Ac mae'n sefyll lan drosto fe'i hunan, ni 'di gweld hynny droeon. Ma fe'n fodlon aberthu rhywfaint i ga'l yr hyn ma fe moyn. Felly wy'n gweld bod Garry'n parchu Siôn, ac mae'n rhywbeth mawr i Garry barchu rhywun.

Dyfan Rees (Iolo) ar Jeremi

Wy'n ei alw fe'n Dad! Ma 'da fi nhad fy hunan, ac ma 'da fi Jeremi, tad arall. Alla i weud popeth wrtho fe. Wy'n hoffi astudio Jeremi pan wy'n actio gyda fe, i drio efelychu ambell ystum 'dag e, fel bod rhyw debygrwydd rhyngddon ni, a gallai rhywun weud bod Iolo'n debyg i'w dad.

TU ÔL
I'R LLENNI

YMARFERION

(Arwel Davies)

Cyflwynwyd Eifion i'r Cwm yn gyntaf yn 2007, fel dihiryn ar ffo am ddwyn defaid a'u gwerthu. Bu'n cuddio yn nhrelar Cadno cyn cael ei hala 'nôl i'r carchar. Ers iddo gael ei ryddhau yn 2008, bu'n byw ac yn gweithio ar fferm Penrhewl. Mae wedi profi ei fod yn amaethwr angerddol wrth iddo lywio'r fferm drwy gyfnodau cythryblus dros ben, a bu'n gymar triw i Cadno am gyfnod maith. Roedd y ddau'n benderfynol o fagu teulu ym Mhenrhewl, a gwelwyd ochr dyner i'r ffermwr cadarn pan gollodd Cadno eu babi cyntaf yn 2010.

Rhoddwyd cynlluniau'r ddau i deithio i Seland Newydd o'r neilltu pan gyhoeddodd Cadno ei bod yn disgwyl eto, ac roedd y ddau ar ben eu digon pan aned Bobi yn 2012. Daethon nhw dan bwysau mawr pan ganfuwyd bod gwartheg Penrhewl wedi'u heintio â chlefyd y diciâu (TB), ond gweithiodd Eifion yn galed i ailsefydlu'r stoc. Cafwyd tensiwn pellach wrth iddynt geisio arallgyfeirio, ac Eifion o blaid cael melinau gwynt ym Mhenrhewl ond Cadno'n chwyrn yn eu herbyn.

Â chraciau eisoes yn ymddangos yn eu perthynas, gwnaeth Eifion gam anfaddeuol â Cadno pan ddatblygodd obsesiwn ynghylch Sioned, a chysgu gyda hi tra oedd Cadno'n disgwyl eu hail blentyn. A hithau dan bwysau mawr yn dilyn genedigaeth Arthur, dihangodd Cadno i Gaerdydd am gyfnod, a gadael Bobi gydag Eifion ac Anti Marian ym Mhenrhewl.

Tra oedd Cadno i ffwrdd, profodd bywyd yn her a hanner i Eifion wrth iddo geisio cynnal y fferm a magu Bobi. Yn dilyn strach gyda *steroids*, trawodd Hywel o flaen y Deri, a gorfod i Hywel gael ei ruthro i'r ysbyty. Bu Angela'r nyrs yn gefn mawr iddo a blagurodd perthynas rhyngddyn nhw, oedd yn dân ar groen Cadno pan ddychwelodd hi i Benrhewl. Er i Cadno wneud ei gorau i ailgynnau'r fflam, daeth eu perthynas i ben, ac mae Eifion yn hapusach nag erioed yng nghwmni Angela. Ond a yw ei deimladau angerddol tuag ati'n gryfach na'i berthynas â phridd Penrhewl? Ai ffermwr neu ffŵl mewn cariad yw Eifion Rowlands?

Cefndir Arwel

Mab fferm o Gwm Gwendraeth yw Arwel Davies. Pan oedd yn fabi, symudodd y teulu o Fancffosfelen i fferm wartheg ei fam-gu a'i dad-cu, Man Sant Uchaf, rhwng Meinciau a Phont-iets. Yn 13 oed, enillodd Arwel ran yn y gomedi sefyllfa *Hapus Dyrfa* ar S4C, a bu'n actio mewn tair cyfres tra oedd yn ddisgybl yn Ysgol Gyfun Maes yr Yrfa. Aeth i Goleg y Drindod, Caerfyrddin, a threulio cyfnod yn gweithio ar lwyfan gyda chwmnïau fel Dalier Sylw, Cwmni Theatr na nÓg, Theatr Iolo Morganwg a Spectacle Theatre. Nid dyma'r tro cyntaf i Arwel ymddangos yn *Pobol y Cwm*, gan iddo chwarae cymeriad Alun y mecanic, sef cariad Nia, merch Llew Matthews, rhwng 1996 ac 1997. Cyn dychwelyd i Gwmderi fel Eifion, cafodd Arwel waith ar gyfresi *Emmerdale* a *The Last Detective* ar ITV, ac *Xtra* ar S4C. Mae'n byw gyda Sharon Roberts, sy'n chwarae rhan Gaynor, a'u meibion yng Nghaerdydd.

Arwel ar Eifion

Ffermwr yw Eifion, bachgen y wlad; mae'n dwlu ar natur, ac yn dwlu ar y pridd – neu o'dd e, ta beth! O'dd e'n caru Cadno a Cadno oedd ei fyd e, ond ma pethe'n newid … Sebon yw sebon, a sneb yn gallu bod yn hapus yn rhy hir. So droiodd Sioned ei ben e, a dyna ben ar bopeth.

Ei fai e yw'r cwbl – Eifion gafodd yr affêr. Bydde well 'da fe feio unrhyw un heblaw fe 'i hunan. Ond dwi, Arwel, yn rhoi'r bai yn llwyr ar Eifion. Bydden i'n cydio ynddo fe gerfydd ei wddwg, lan yn erbyn wal. Honna iddi!

Ar ffermio

Wy'n joio gwitho ar y fferm mas ym Mhendeulwyn – yn yr haul! Mae'n braf adeg 'ny. Pan mae'n oer neu'n bwrw glaw, 'sdim byd mwy diflas, ond pan mae'n ffein, mae'n bleser gwitho mas yn yr awyr iach.

Arwel: Mae dwy stori fawr wedi rhoi cyfleoedd gwych i fi fel actor hyd yn hyn. Y gynta o'dd pan ffeindiodd Cadno mas ei bod hi'n dishgwl ac wedyn colli'r babi. Roedd hwnna'n gyfle i fod yn emosiynol pan o'dd angen bod yn emosiynol. 'Nath hwnna wirioneddol fy nghyffwrdd i achos 'mod i'n rhiant, a falle bo ti'n gallu dychmygu'n well pa mor anodd fyddai'r sefyllfa. O'dd hwnna'n dda, a stori'r TB, gafodd lot fawr o ymateb. Wy'n credu i'r stori honno gael ei thrin yn dda, a'i hymchwilio'n dda.

Gethin Thomas

(Simon Watts)

Cefndir Simon

Cafodd Simon Watts ei gyfle cyntaf i berfformio yn 14 oed, pan chwaraeodd ran yn *William Jones* gyda Ioan Gruffudd yn 1993. Daw Simon o Rydaman yn wreiddiol, a thra oedd yn ddisgybl yn Ysgol Gyfun Maes yr Yrfa rhoddodd ei fryd ar ddilyn gyrfa broffesiynol fel actor. Cafodd ei dderbyn yn aelod o Theatr Genedlaethol Ieuenctid Cymru cyn hyfforddi yng Ngholeg Rose Bruford yng Nghaint. Wedi hynny, bu'n actio gyda'r RSC yn Stratford a thu hwnt, a theithio ledled Prydain a'r Unol Daleithiau yn y cynyrchiadau *Two Gentlemen of Verona* a *Julius Caesar*. Gweithiodd hefyd gyda chwmnïau theatr y Royal Exchange ym Manceinion, a'r Almeida yn Llundain cyn derbyn gwahoddiad gan Theatr Genedlaethol Cymru i chwarae Gwdig yn addasiad llwyfan Siôn Eirian o *Cysgod y Cryman* gan Islwyn Ffowc Elis yn 2006. Yn dilyn hynny, dychwelodd i Lundain a threulio cyfnod gyda Chwmni Theatr Clwyd cyn derbyn rhan Aneurin yn y ddrama *Llwyth* gan Dafydd James – cynhyrchiad Sherman Cymru. Yn wir, oriau yn unig cyn iddo berfformio *Llwyth* am y tro cyntaf yng Nghanolfan Chapter, Caerdydd, treuliodd ei ddiwrnod cyntaf erioed yn chwarae Gethin yn *Pobol y Cwm*. Mae'n briod â'r actores Rhian Blythe, a thrwyddi hi mae ganddo gysylltiad unigryw â'r gyfres – Iola Gregory, fu'n chwarae Mrs Mac, yw ei fam yng nghyfraith!

Yn 2010 glaniodd Gethin ar stepen drws ei chwaer, Dani, oedd prin yn ei adnabod – doedd hi ddim wedi'i weld e ers tua phymtheg mlynedd. Dihangodd Gethin i Lundain ar ôl plentyndod anodd, a sefydlu busnes gwerthu sgwters yno. Daeth i'r Cwm i gysuro'i chwaer pan oedd hi'n galaru am ei dyweddi, Brandon Monk. Digon amheus oedd ei ymddygiad o'r dechrau, ac yntau'n dwyn arian Garry tra oedd e yn y carchar.

Er gwaetha'r ffaith ei fod wedi ei gwenwyno â'r cyffur ecstasi, bu Gethin a Sheryl yn caru am sbel. Ond daeth diwedd ar y berthynas pan ddarganfu hi fod gan Gethin wraig a phlentyn. Synhwyrodd Sheryl nad oedd llawer o Gymraeg rhwng Gethin a'i dad, felly estynnodd wahoddiad i Moc ddod i gymodi ag ef. Roedd Gethin yn gandryll â hi am ailagor hen graith, a drodd yn hunllef fyw iddo am amser hir. Yn dilyn degawdau o ddryswch, daeth rhyddhad o fath pan gofiodd Gethin rywbeth erchyll – bu Moc yn ei gam-drin pan oedd yn blentyn, a chyhoeddodd hyn o flaen pawb yn y Deri.

Yn anffodus, doedd braidd neb yn ei gredu heblaw am Gwyneth – ddim hyd yn oed Dani. Wedi'r cyfan, roedd Moc yn rheolwr banc parchus, siriol wrth bawb, a doedd gan Dani ddim cof o unrhyw gam-drin. Ond cyfaddefodd Moc y cyfan wrth ei fab ychydig cyn i Gethin gael ei daro gan gar. Bu mewn cadair olwyn am sbel, a bu'n hir yn gwella o anafiadau'r ddamwain a'r grasfa gafodd gan Moc am feiddio datgelu eu cyfrinach. I wneud pethau'n waeth, roedd Moc yn canlyn Sheryl erbyn hynny, er mwyn cadw llygad ar ei mab, Wil. Bu bron iawn i Moc gael ei grafangau ar y ddau, ond fe ddihangodd, ac mae'n dal ar ffo.

Bu hynny'n achos rhyddhad i rai o drigolion y Cwm, ond yn dân ar groen eraill – a Gethin yn fwy na neb. Closiodd Gethin a Dani yn wyneb brad eu tad, ond mae e'n bur amheus o'i pherthynas hi â Garry, er ei fod yn gweithio gydag e yn y garej. Er i ysgafnder ddychwelyd i'w fywyd wrth iddo rannu tŷ gyda Iolo a Colin yn rhif 7, mae 'na gwmwl tywyll yn ei fygwth o hyd. Oes gobaith am gyfiawnder i Gethin o gwbl, a chyfle iddo symud ymlaen?

Simon ar Gethin

Claddu cyfrinachau yw ateb Gethin bob tro, yn hytrach na bod yn agored. Ond ma'r gwirionedd wastad yn dod allan yn y diwedd. Dwi ddim yn meddwl fod Gethin yn ddrwg yn y bôn, ond wy'n credu 'i fod e'n gymeriad sydd wedi cael ei chwalu, ac yn trio rhoi ei hunan yn ôl at ei gilydd. Mae e'n dechre derbyn cymorth gan bobl eraill, ond i ddechre, wrth gwrs, do'dd e ddim yn gwbod shwt o'dd derbyn yr help, nac ymddiried yn neb arall, ac ma'r ddau'n mynd law yn llaw.

Wy'n cofio pan o'n i'n neud y cyfnod tywyll iawn hwnnw i Gethin, ac o'dd e'n gyfnod o fisoedd – o'dd lot o grio, lot o archwilio'r gorffennol, amau'r cof – a gafodd hwnna rywfaint o effaith arna i'n bersonol. Mae'n anodd iawn jyst gollwng y teimladau ar ddiwedd y diwrnod saethu. Os y'ch chi fel actor yn trafferthu i geisio cyrraedd at y tywyllwch 'na, wedyn chi wastad yn mynd i fod yn trio chwilio amdano, hyd yn oed ar ôl i'r ffilmio gwpla. Achos ma diwrnod arall 'da chi fory, a chi ddim isie dod allan ohono'n gyfan gwbl rhag ofn y bydd yn rhy anodd i'w ffindo'r bore wedyn. Felly, am y cyfnod hwnnw, wy'n credu ei bod yn haws i actor – yn sicr, mae e i fi – fod yn *method actor*, ac aros yn yr ardal dywyll 'na yn ei feddwl.

Simon: Dyw pobl ddim yn hoff iawn o Gethin. Ma pawb dwi'n siarad â nhw – pobl hŷn a menywod gan mwyaf – yn dueddol o weud, 'Oh, he's a naughty boy, isn't he?' a phobl ddi-Gymraeg y'n nhw, sy'n ddiddorol iawn. Ma'n nhw'n canolbwyntio ar y drygioni 'ma sy ynddo, a dwi ddim yn credu'i fod yn ddrwg yn ei hanfod, ond mae e wedi'i chwalu, rywsut, wedi'i niweidio. Fy amddiffyniad i'n syth yw: 'Give him a chance!'

Gemma Charles

(Catrin Mai Huw)

Creu Gemma

Dwi wastad yn gwisgo un freichled, a modrwy ar fy mawd, wastad, ac wedyn, ma gen i gôt batrymog, ac i fi, honna ydy Gemma ar ddiwrnod da. Y drafferth ydy, ma hi mor oriog, alla i ddim â dibynnu ar un peth. Ond yr egni ydy'r allwedd, ac mae'n amrywio yn ôl pwy dwi'n cyd-chwarae hefo nhw ar y pryd, fel pan ma gynna i olygfeydd efo Dani, mae'r egni'n codi bryd hynny. A hefyd yr acen – mae o'n gneud gwahaniaeth.

Glaniodd Gemma yng Nghwmderi yn 2011 fel aelod o deulu newydd y Deri. Yn ferch ysgol wrthryfelgar, cafodd ei magu gan ei hewythr Ed wedi i Andrew, ei thad, gael ei garcharu am ladd ei mam. Roedd tensiwn mawr rhyngddi hi ac Angela Probert, y landledi newydd a chariad Ed.

Bryd hynny, roedd hi mewn perthynas â dyn dipyn hŷn na hi, sef Lee, a herwgipiodd Courtney, merch Angela a Jim. Bu Gemma'n cerdded yn ei chwsg am gyfnod, ac arweiniodd hyn at ddatguddiad dramatig nos Galan 2012. Yn ei chwsg, heb yn wybod iddi, fe drywanodd Gemma Dani, ac agor llifddorau atgofion a fu dan glo ers amser maith. Gemma oedd yn gyfrifol am ladd ei mam, ond cymerodd Andrew y bai ar ran ei ferch fach chwech oed.

Bu hynny o gymorth wrth iddi geisio dod i ddeall ei hun yn well, ond dieithryn yw ei thad iddi o hyd. Mae ei pherthynas ag Ed yn dipyn mwy cadarn, ond mae'n cenfigennu wrth bob un o'i gariadon. Bu Gemma'n rhannu fflat gyda Dani am gyfnod, nes iddi hithau ddechrau canlyn Garry. Heb unrhyw arweiniad yn ei bywyd, cafodd ei denu at Mark Jones, a bu eu perthynas yn destun clecs yn y pentref am sbel. Symudodd Gemma i fyw at Mark, ond torrwyd ei galon gan y ferch ifanc fympwyol. Mae Gemma'n eiddigeddus o sicrwydd pawb, a hithau ar goll, heb syniad ble i droi.

Catrin ar fyw yn y Deri

Dwi mor falch na symudon ni i mewn i'r hen Deri, achos i fi dyna oedd yn diffinio *Pobol y Cwm* fy mhlentyndod. A dwi'n credu tasen ni 'di dod i set flaenorol y Deri fel teulu newydd … Wel! O'n i'n ddigon nerfus fel o'dd hi, a base hwnna wedi gwneud y profiad yn hollol swreal.

Catrin ar ochr dywyll Gemma

Dwi wastad yn cael fy nenu at olygfeydd tywyll – ma'n bosib i fi afael ynddyn nhw, a gweld be sy'n digwydd. A ma 'na fwy o hynny i ddod, sy'n lyfli. Y tywylla ma hi'n mynd, caleta fydd o i'w chodi hi, a dwi'n edrych ymlaen at y sialens yna. Eto, oherwydd ei hoedran, dydy hi ddim cweit wedi'i sefydlu ei hun yn y gymuned, darganfod ei rôl mewn bywyd. Ma modd ei thywys hi ar hyd sawl trywydd gwahanol, felly jyst gweld be sy'n digwydd, wir.

Catrin: Plentyn na chafodd erioed gyfle i dyfu fyny ydy Gemma, ond mae ei chalon yn y lle iawn. Mae hi'n berson triw, ond mae'n llawn gwrthgyferbyniadau. Mae hi ar goll, braidd, a does ganddi ddim syniad be mae hi isio.

TU ÔL
I'R LLENNI

YMARFERION

Anti Marian

(Buddug Williams)

Daeth Marian i aros at Denzil, ei nai, i'w helpu i gadw'r siop pan fu farw Bob, ei gŵr. Mae ei theulu'n berchen ar fferm Penrhewl ers cenedlaethau. Bu'r bensiynwraig fusneslyd, sy'n gapelwraig selog, yn dipyn o deyrn ar Denzil, a chafodd e ddim llawer o gyfle i gamymddwyn tra oedd Marian yn byw gydag e.

Mi fu'n gefn i Gwyneth pan oedd hithau'n dioddef o ganser y fron, ond doedd ganddi ddim byd i'w ddweud wrth Eileen, cyn-wraig Denzil, pan ddychwelodd hi i'r Cwm. Estynnodd groeso cynnes i'w gor-nith, Sioned, fodd bynnag, ac ar ei phen-blwydd yn ddeunaw oed, cafodd £100,000 yn rhodd gan Anti Marian.

Serch hynny, cymerodd Sioned fantais lwyr ar ei hen fodryb oedrannus. Ar un adeg, bu'n potsian â'i thabledi a pheri i Marian gredu ei bod yn colli'i phwyll. Pan ddatgelwyd y twyll, dangosodd Marian drugaredd mawr tuag at Sioned, ond roedd Denzil yn gandryll gyda'i ferch, a bu farw o drawiad ar y galon heb faddau iddi'n iawn.

Roedd colli Denzil yn ergyd drom, ac aeth Marian i fyw ym Mhenrhewl. Yno mae hi hyd heddiw, yn cael gofal nyrsio arbennig gan Angela. Daeth Marian yn ôl o farw'n fyw ar ei gwely un diwrnod. Roedd Angela'n meddwl ei bod hi wedi eu gadael am byth, ond er mawr ryddhad i Sioned ac Eileen, deffrôdd Anti Marian o'i thrwmgwsg. Bu'n gyfnod annifyr iddi ers hynny, wrth i driongl serch ffurfio o'i chwmpas yn ei chartref.

Roedd hi'n ddig â'i nith Cadno am redeg i ffwrdd a gadael y plant gydag Eifion, ac fe ochrodd gydag e ac Angela, oedd yn gariad i Eifion erbyn hynny, pan ddychwelodd Cadno o Gaerdydd. Mae Penrhewl ar y farchnad ar hyn o bryd, ac mae Cadno'n awyddus i ddal ei thir. Ond pa ran fydd gan Marian i'w chwarae yn nyfodol y fferm?

Cefndir Buddug

Un o Garreg Hollt, ger Cross Hands, yw Buddug Williams. Aeth i Goleg y Barri i ddilyn cwrs ymarfer dysgu, ac yno y cafodd ei 'darganfod' gan Norah Isaac. Er iddi fynd i ddysgu yn Birmingham, dychwelyd i Gwm Gwendraeth fu ei hanes, a bu'n perffformio'n gyson ar lwyfan wedi hynny. Daeth perfformiadau Buddug ac Ernest Evans yn y ddrama *Priodas Dda* i sylw'r cynhyrchydd John Hefin yn ystod Eisteddfod Genedlaethol Caerfyrddin, 1974. Cafodd Ernest ran PC Talfryn Jenkins yn *Pobol y Cwm*, a chafodd Buddug gynnig rhan Bet Harries, gwraig Dil a mam Wayne, Sabrina a Reg yn y gyfres gyntaf. Hi oedd y cymeriad cyntaf i farw yn y gyfres, ac wedi hynny dychwelodd Buddug at ei gyrfa fel athrawes. Ond daliai i actio ar lwyfan ac ar sgrin, fel Mrs Willy Nilly yn *Dan y Wenallt* ac *Under Milk Wood*, ac yn y ffilm *Twin Town* fel Mrs Mort. Yna, yn 1999, chwarter canrif ar ôl iddi chwarae Mrs Harries, derbyniodd wahoddiad i ddychwelyd i Gwmderi fel Anti Marian.

Buddug ar berthynas Marian a Denzil

Wel, ta pwy fenyw o'dd yn dod i'r tŷ, o'dd hi'n ffindo bai arnyn nhw. O'dd cwpwl o wejens 'da Denzil, ac os nag o'dd Marian yn 'u lico nhw, o'n nhw'n ca'l mynd! Ma Marian yn lico gwbod busnes pawb, ond do'dd hi ddim yn lico gweld Denzil yn ca'l cam. Dyna pam o'dd hi mor grac gyda'r holl fenywod 'na. Wy'n credu mai fe o'dd y plentyn gas hi ddim. O'dd hi fel mam iddo fe, nag o'dd hi?

Dathlu'r deugain

Fel gwylwyr, mae ganddon ni i gyd atgofion penodol am *Pobol y Cwm*, a'r hyn mae'r gyfres wedi ei olygu i ni dros y pedwar degawd diwethaf. Mae'r un peth yn wir am yr actorion – dyma oedd ganddyn nhw i'w ddweud ar achlysur y pen-blwydd arbennig hwn yn 40 oed.

Victoria Plucknett (Diane)
'Wy mor falch 'mod i 'ma i ddathlu'r pen-blwydd yn 40. O'n i 'ma ar gyfer y 25 a'r 30 hefyd, a 'wy wrth fy modd fod y gyfres yn dal i fynd ar ôl yr holl flynydde.

Gareth Lewis (Meic)
Dwi'n meddwl bod *Pobol y Cwm* yn ofnadwy o bwysig. Mae'n bwysig fod 'na opera sebon yn y Gymraeg, a dwi'n credu bod y gyfres wedi uno'r genedl mewn llawer ffordd: yn ieithyddol yn un peth, nid yn unig y Cymry Cymraeg ond y di-Gymraeg, a'r rhai sy'n dysgu'r iaith. Mae wedi cyflawni'r hyn roedd John Hefin a Gwenlyn Parry eisie ei wneud, ac mae hynny'n galondid mawr iawn, iawn i mi. Mae wedi bod yn bleser bod yn rhan o wireddu eu gweledigaeth, sy wedi datblygu cymaint dros y blynyddoedd – dwi'n falch ofnadwy o fod wedi bod yn rhan o hynny.

Jonathan Nefydd (Colin)
Wy'n cofio penodau flynyddoedd mawr yn ôl gyda chymeriadau fel Magi Post. Ma *Pobol y Cwm* yn sefydliad – ma fe'n rhan annatod o'n DNA ni fel Cymry.

Mark Flanagan (Jinx)
O'n ni fel teulu'n gwylio'r gyfres o hyd, bob nos; roedd o'n rhan o'n *routine* ni. O'n i'n licio Mark, a dwi'n cofio pan oedd Emma ynddo fo, o'n i'n meddwl bo nhw'n gymeriadau da. Dwi'n cofio Hywel, a Cic Mul, a'r band. Dyna oedd yr adeg pan o'n i'n gwylio'r rhaglen fwya. Dwi'n cofio'r tro cynta i mi ffilmio ar set y Deri; roedd o jyst yn deimlad hollol ryfadd, achos o'n i mor gyfarwydd efo'r set, ac wedi'i gweld hi ar y teledu am flynyddoedd.

Maria Pride (Debbie)
Roedden ni i gyd fel criw yn dod at ein gilydd i wylio *Pobol y Cwm* yn y coleg, ac roedden ni'n rhoi sialens i'n gilydd i ganu'r arwyddgan, a do'dd neb yn gallu'i chanu hi!

Dyfan Rees (Iolo)

Mae'n ffantastic fod 'da ni fel Cymry'n opera sebon ein hunain, a sai'n credu bod pobl yn sylweddoli pa mor anhygoel yw hwnna. A ma actorion uffernol o dda ynddi, ar yr un lefel ag unrhyw sebon arall. Y peth mwya am *Pobol y Cwm* i fi yw'r iaith. Tase *Pobol y Cwm* yn mynd, bydden i'n pryderu am yr iaith. Falle bo fi bach yn naïf, ond 'wy rili yn credu 'na. Achos mae'n bwysig fod unrhyw beth sy'n neud i bobl ddi-Gymraeg dwmlo'n rhan o Gymru, yn rhan o'r iaith – fel ma *Pobol y Cwm* yn 'i neud – yn cario mlaen.

Alun ap Brinley (Jim)

Wy'n cofio'r darllediad cynta. O'n i 'di bod yng Nglan-llyn am benwythnos pan o'n i yn nosbarth tri yn yr ysgol uwchradd, a pan ddes i 'nôl o'dd lawns y gyfres newydd. Ac o'dd 'na ddishgwl mawr 'di bod amdani. Wy'n cofio'r teulu Harries yn cael eu sefydlu yn y bennod gynta, a Brynawelon, y cartre hen bobl, ac wrth gwrs o'dd Rachel Thomas yn seren, ac o'dd y ffaith ei bod hi'n mynd i fod ar y teledu'n wythnosol, ac yn Gymraeg, yn gyffrous iawn. Ar BBC Cymru o'dd y gyfres bryd hynny, wrth gwrs. Ro'dd cael hanner awr o Gymraeg yng nghanol y gwasanaeth Saesneg yn beth i'w ryfeddu'r adeg hynny. O'dd e'n foment ddiffiniol i bobl o'dd yn gweithio yn Gymraeg ar y pryd, achos ro'dd e'n golygu bod posibilrwydd o weithio'n rheolaidd.

Arwyn Davies (Mark)

Mae'n cymryd lot o waith caled i neud i bopeth edrych mor hawdd. Dyna'r gamp efo *Pobol y Cwm*.

Catrin Mai Huw (Gemma)

O'n i'n gwylio lot pan o'n i'n blentyn. O'n i wastad isio bod yn *tomboy*, ac o'n i wir yn licio cymeriad Karen pan oedd hi'n gweithio yn y garej.

Jeremi Cockram (Siôn)

Yn fy mhrofiad i fel rhywun sy wedi tyfu fyny'n gwylio *Pobol y Cwm*, sy 'di 'i charu hi, 'i chasáu hi, sy 'di dibynnu arni am fywoliaeth, a gweld ymateb pobl eraill iddi, dwi'n credu bod y gyfres yn whare rhan bwysig ofnadwy yn niwylliant Cymru – rhan unigryw. Alla i ddim meddwl am unrhyw beth arall, heblaw canu'r anthem cyn gêm ryngwladol yn Stadiwm y Mileniwm falle, sy'n ein huno ni fel cenedl – siaradwyr y ddwy iaith – ac sy'n neud i bobl deimlo'n fwy Cymreig.

Llinor ap Gwynedd (Gwyneth)

'Wy 'run oedran â'r gyfres, a wy'n cofio Brynawelon, a Dai Tushingham (Islwyn Morris) yn gwisgo wig ac yn edrych yn well wrth iddo fynd yn hŷn! O'n i wastad isie bod yn y gyfres. O'dd y criw ffrindie coleg i gyd yn arfer ei gwylio hi yn y lolfa – o'n i'n dwlu ar gymeriad Llew.

Andrew Teilo (Hywel)

Pan o'n i'n blentyn – naw mlwydd oed o'n i pan ddechreuodd y gyfres – o'dd *Pobol y Cwm* yn rhaglen wythnosol, ac o'n i'n teimlo'n gysurus ei bod hi mlaen. O'dd e fel cwtsh, clywed y gerddoriaeth wreiddiol a gitâr Endaf Emlyn, a'r fersiwn honno wy'n dal i'w chlywed yn fy mhen, ond fy oedran i yw hynny, mae'n siŵr. Ac achos bod y gyfres wedi'i lleoli mor agos at ble o'n i'n hyw, o'n i'n gallu uniaethu â'r bobl 'ma, achos o'n nhw'n siarad fel fi, nhw o'dd 'y mhobl i.

Emyr Wyn (Dai)

'Wy wedi dod i sylweddoli bod *Pobol y Cwm* yn cynrychioli Cymru gyfan. Mae'n feicrocosm o Gymru, nace dim ond o Gwm Gwendraeth, er mor bwysig yw'r cwm hwnnw. Fe ddof i â rhyw dalp o lo mân o Bontyherem neu o'r Tymbl mewn i'r gyfres, a dyw hwnna ddim yn fwy pwysig na chyfraniad Richard Lynch a Jeremi Cockram, sy'n dod o'r Cymoedd, neu Sera Cracroft, sy'n dod o Glwyd. Y'n ni i gyd yn dod â gwahanol bethe mewn i'r gyfres, ac ma popeth yn mynd i'r pair. A dyna pam ma'r gyfres wedi bod mor boblogaidd. Dyw pobl bellach, ar wahân i ambell adolygydd, ddim yn becso faint o gogs sy 'na neu acenion o bobman yn ne Cymru. Dyw e ddim yn bwysig.

Lisabeth Miles (Megan)

Dros y deugain mlynedd dwytha mae Cwmderi wedi ehangu. Ma 'na fusnesau eraill yna, a mwy o bobl. Mac'r ysgol a'r capal yn ganolog ac yn bwysig erbyn hyn; wedyn ma'r garej, siop y pentre, y siop trin gwallt ac APD, sy'n caniatáu i gymaint o betha ddigwydd. Felly mae wedi ehangu ac wedi dod yn fwy o gymuned.

Richard Lynch (Garry)

Y gwir yw, yn enwedig mewn opera sebon, fod angen ychydig o dywyllwch ac eitha lot o ysgafnder. Os yw'n mynd yn rhy dywyll, mae'n colli'r elfen opera sebon, ac mae'n troi'n ddrama, sy'n wahanol iawn. Felly ma'n rhaid bod yn ofalus iawn wrth droedio'r ffin rhwng y ddau beth.

Simon Watts (Gethin)

Dwi ddim yn siŵr faint o'dd fy oedran i'n dechre gwylio *Pobol y Cwm*, tua wyth, falle. Ond beth sy'n od, wrth gwrs, yw ble ma bywyd go iawn yn croesi i mewn i fywyd *Pobol y Cwm*, achos ma'r gyfres yn gymaint rhan o fywyd Cymru.

Pen-blwydd Hapus

40

I'r dyfodol ...